LES ÉTATS-UNIS D'AMÉRIQUE
ET
LE CONFLIT EUROPÉEN

DU MÊME AUTEUR

L'industrie américaine : *l'Évolution industrielle et la politique commerciale. L'organisation industrielle. L'expansion industrielle.* 1 vol. in-8°, 1908, 10 francs (Félix Alcan, éditeur).

La vie politique dans les deux mondes, publiée sous la direction de A. VIALLATE et M. CAUDEL, avec la collaboration de professeurs et anciens élèves de l'École des sciences politiques. 7 volumes parus. Années 1906-1907 à années 1912-1913, chaque volume in-8°, 10 francs, sera continué (Félix Alcan, éditeur).

J. Chamberlain, préface de M. E. BOUTMY de l'Institut, 1 vol. in-16°, 1899, 2 fr. 50 (Félix Alcan, éditeur).

La crise anglaise : *Impérialisme et protection.* 1 vol-12, 2° éd. 1908 (Rivière, éditeur).

L'avenir économique du Japon. 1 vol. in-12, 1907 (Rivière, éditeur).

Essais d'histoire diplomatique américaine : *le Développement territorial des États-Unis. Le canal interocéanique. La guerre hispano-américaine.* 1 vol. in-8°, 1905. (E. Guilmoto, éditeur).

LES
ÉTATS-UNIS D'AMÉRIQUE

ET

LE CONFLIT EUROPÉEN

PAR

Achille VIALLATE

Professeur à l'École des Sciences politiques.

PARIS
LIBRAIRIE FÉLIX ALCAN
108, BOULEVARD SAINT-GERMAIN, 108
—
1917

Tous droits de reproduction, de traduction et d'adaptation
réservés pour tous pays.

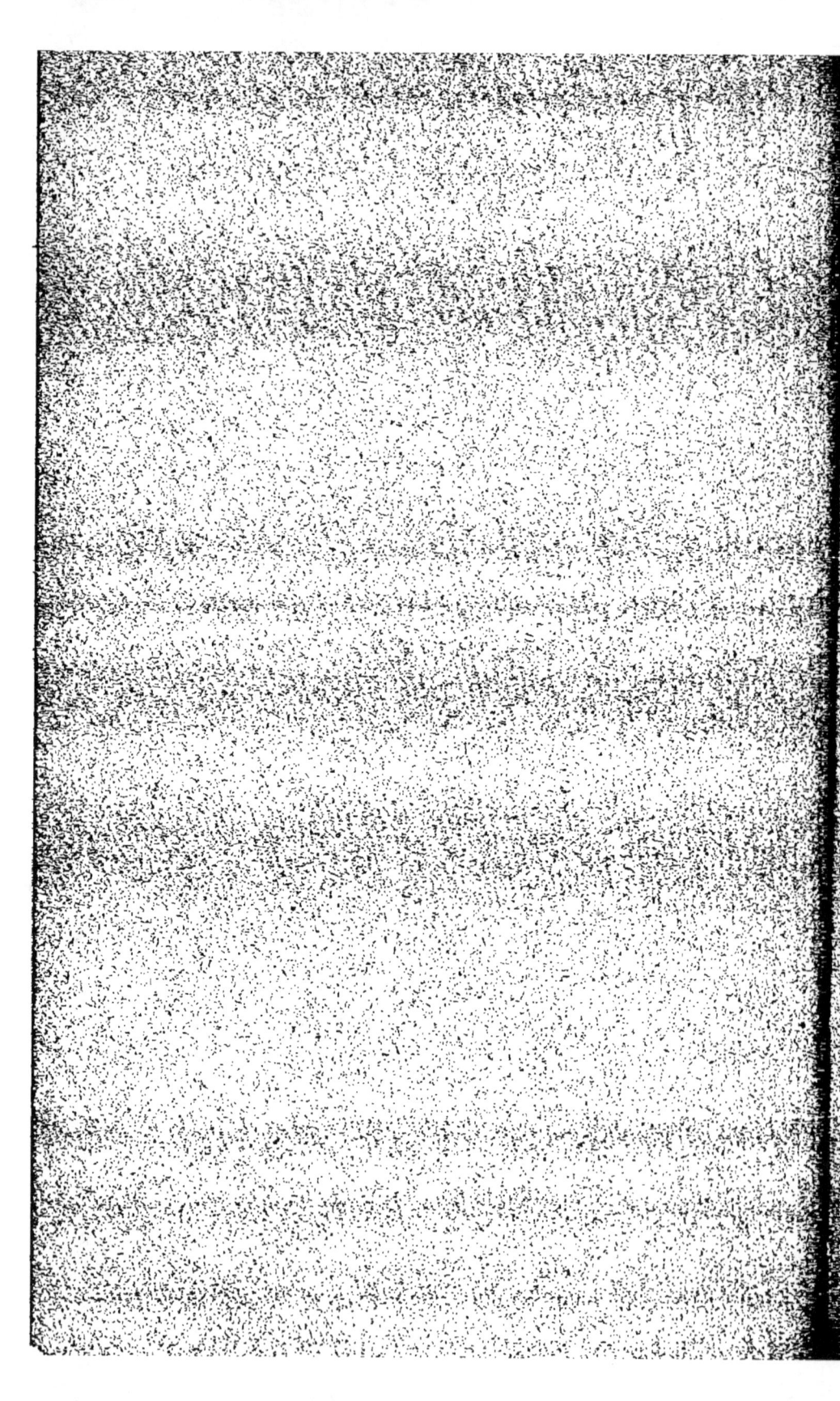

INTRODUCTION

La « grande guerre » nous apparaît comme un formidable cataclysme politique, et l'on peut présumer que ce caractère s'accentuera, lorsque se seront dégagées les conséquences considérables qui ne pourront éviter d'en découler, et qu'en pleine lutte encore, au lendemain de profondes angoisses, à l'aube de la réalisation d'espérances si longtemps contenues, il nous est à peine possible d'entrevoir. Déjà, cependant, certains des éléments, de quoi sera formé le monde politique de demain, commencent à se dessiner au milieu des brumes qui nous enveloppent. Cet extraordinaire conflit, par suite principalement de sa durée, a eu chez les neutres mêmes des contre-coups considérables. Sur aucun, il n'aura de résultats plus importants que sur les États-Unis d'Amérique, la seule grande puissance restée jusqu'ici à l'écart de la lutte. « Il semble n'être jamais venu à la pensée de personne », — écrivait en octobre 1914 un historien américain réputé, « — qu'une guerre européenne pourrait avoir lieu, qui intéresserait si sérieusement et alarmerait même les peuples de l'Amérique du Nord[1]. » A ce moment, les États-Unis se voyaient menacés d'une violente crise financière ; peu après, c'est une crise nationale, dans laquelle apparut bien précaire le loyalisme d'un groupe de citoyens, qui agitait profondément l'Union, et l'on put croire un instant que la conduite barbare et l'attitude insolente de l'Allemagne amèneraient le gouvernement américain à se départir de la neutralité. Si graves qu'aient été ces événements, ils sont éclipsés par la prospérité sans exemple dont la prolongation de cette guerre a favorisé les États-Unis. En quelques mois, ils sont devenus les supérieurs en puissance financière des plus riches nations de l'Europe : hier encore, nation débitrice, malgré la rapidité avec laquelle ils avaient progressé, ils sont aujourd'hui en

---

1. ALBERT BUSHNELL HART, *The War in Europe*, p. 215.

état d'assumer le rôle d'exportateurs de capitaux.

Ce développement soudain des États-Unis ne sera pas un des résultats les moins importants du conflit européen. Déjà, les Américains, résolus à accroître leur activité hors de leur domaine national, à l'intérieur duquel ils l'avaient presque exclusivement employée jusqu'ici, étudient soigneusement les champs d'action qui s'offrent à eux et les moyens à l'aide desquels ils peuvent espérer réaliser leurs ambitions. Et ce n'est pas seulement dans le domaine économique que se feront sentir les effets de leur développement. Depuis la guerre contre l'Espagne, qui a assuré aux États-Unis la domination dans les Caraïbes, et la décision du gouvernement américain d'ouvrir au commerce mondial le canal interocéanique, les esprits avisés sentaient que le moment approchait où il faudrait abandonner la politique traditionnelle, qui ne regardait les États-Unis que comme une puissance du Nouveau-Monde et bornait ses efforts à éviter un contact trop étroit avec les puissances de l'Ancien, pour ne pas compromettre l'heureux isolement géographique de l'Union. Mais ces idées ne faisaient leur chemin que lentement. Elles n'apparaissaient pas d'une nécessité impérieuse. Or, voilà que « toutes ces notions de l'éloignement de l'Europe, de la possibilité de vivre dans notre propre sphère, de ne jamais intervenir dans les relations extérieures, d'espérer que les nations étrangères se tiendront à l'écart de notre hémisphère, sont dispersées au vent par les réalités de cette épouvantable guerre[1] », et l'expansion économique va augmenter les points de contact avec les grandes puissances européennes. Les États-Unis sont entrés définitivement dans le cercle des puissances « mondiales ». Sans doute, leur influence, depuis longtemps déjà, n'était pas limitée à leur hémisphère, mais c'était jusqu'ici une influence purement morale. Ils redoutaient les responsabilités qu'encourent les nations dont les intérêts s'étendent sur le globe entier. Demain, ils ne pourront plus les ignorer. Ces conséquences du conflit européen ont donné lieu déjà, dans les milieux commerciaux et politiques américains, à d'importants débats. Les transformations survenues sont reconnues par tous, les ambitions légitimes qu'elles permettent ne

1. ALBERT BUSHNELL HART, *The War in Europe*, p. 215.

rencontrent naturellement pas d'opposition, mais le heurt se produit quand on en vient à la discussion des mesures propres à les réaliser, et de l'orientation nouvelle que, tous le pressentent, il va falloir donner à la politique extérieure, puisque l'opinion se propage qu'il sera impossible de continuer plus longtemps la politique de « splendide isolement ».

Par le rôle considérable qu'ils sont appelés à jouer, au point de vue économique et politique, dans le monde transformé qu'enfante, en ce moment, au prix de si cruelles douleurs, la guerre européenne, les États-Unis méritent une attention particulière. Le moment n'est pas celui des longues études, poursuivies dans le silence du cabinet; l'atmosphère belliqueuse où nous vivons, les deuils qui se pressent, la perte cruelle, si tôt avant leur heure, de si nombreux jeunes hommes marqués pour compter parmi l'élite de la nation, ne permettent pas à l'esprit de s'abstraire longuement de la vie extérieure. Nous nous proposons donc simplement d'exposer avec brièveté les répercussions immédiates qu'a eues sur les États-Unis la crise qui bouleverse l'Europe, et d'essayer de dégager les conséquences qui paraissent devoir en résulter. N'importet-il pas de nous rendre compte dans quelles dispositions et avec quels moyens les Etats-Unis aborderont la période qui s'ouvrira lorsque, la paix revenue, il faudra rechercher, pour assurer sa continuité, un nouvel équilibre des forces politiques, dans lequel ils devront prendre un rôle actif, peut-être prédominant?

Octobre 1916.

LES
ÉTATS-UNIS d'AMÉRIQUE et le CONFLIT EUROPÉEN

CHAPITRE PREMIER

L'OPINION AMÉRICAINE ET LES DÉBUTS DE LA GUERRE.
LA CRISE FINANCIÈRE.

Pendant les derniers jours de ce tragique mois de juillet 1914, où la crise austro-serbe s'était développée en une crise générale européenne, l'opinion publique aux États-Unis n'apportait encore à ces événements qu'une attention distraite. Assurés, par leur éloignement et leur isolement géographique, que leur pays n'aurait pas à prendre parti dans une guerre qui mettrait aux prises les puissances européennes continentales, — personne ne pensait alors que l'Angleterre devrait descendre dans l'arène, —

les Américains envisageaient sans appréhension cette éventualité. A la possibilité de cette guerre, d'ailleurs, personne ne voulait croire : elle apparaissait comme un acte de pure démence, dont les gouvernements en cause ne se rendraient pas coupables. Les Américains comprenaient mal l'attitude intransigeante de l'Autriche ; ils n'ont jamais bien démêlé la situation complexe créée par l'enchevêtrement des religions et des races dans la péninsule balkanique, ni le jeu des influences qui se sont exercées avec tant d'ardeur dans cette région. Ils étaient persuadés que l'on pouvait compter que l'Allemagne interviendrait au moment décisif pour arrêter son alliée sur la pente des actes irrémédiables. La proposition faite par l'Angleterre au Kaiser de soumettre aux puissances non directement intéressées de la Triple-Alliance et de la Triple-Entente le conflit qui mettait maintenant face à face l'Autriche et la Russie, apparut comme l'assurance d'une solution pacifique.

L'Empereur Guillaume avait su se concilier l'opinion américaine. Les relations entre les États-Unis et l'Empire allemand avaient, il est vrai, passé parfois par des périodes difficiles : à l'époque des difficultés relatives à l'archipel des

Samoa, qui avaient abouti à l'établissement d'un condominium (1889) suivi d'un partage (1899); puis, lors de la guerre contre l'Espagne, quand la conduite suspecte de l'amiral von Diederich, dans la baie de Manille, au moment où l'amiral Dewey se préparait à attaquer la ville, avait failli provoquer un conflit entre les flottes américaine et allemande; et encore en 1902, lorsque le poing allemand avait menacé de s'appesantir sur le Vénézuéla. Mais les années avaient passé, et, depuis, le Kaiser s'était attaché à reconquérir la confiance des Américains. Il n'avait rien négligé pour arriver à ses fins. Il leur avait fait des avances habiles : en 1902, il envoyait aux États-Unis son frère, le prince Henri de Prusse. Peu après, il inaugurait, pour resserrer les relations intellectuelles, les échanges de professeurs entre les deux pays. Ses efforts avaient eu le résultat cherché. Les rapports entre Washington et Berlin étaient redevenus cordiaux. L'Empereur lui-même avait acquis aux États-Unis une réelle popularité : ses allures théâtrales ne déplaisaient pas aux citoyens de la libre Amérique; ils croyaient à la sincérité de l'amour de la paix qu'il affichait avec une si grande ostentation entre deux allocutions belliqueuses à ses troupes ou à sa marine. Ils ne pouvaient croire que Guillaume II laisserait échapper l'occasion qui s'offrait à ce moment critique de jouer le rôle d'arbitre de la paix. Le brusque ultimatum de l'Allemagne à la Russie et à la France causa aux Américains une stupéfaction profonde. L'extension du conflit, dans lequel l'Angleterre, au lendemain de l'invasion de la Belgique par les armées allemandes, se trouvait entraînée, leur fut une cruelle désillusion.

Les États-Unis ont dû conquérir leur indépendance les armes à la main ; au cours de leur croissance, ils ont eu trois guerres importantes : la guerre contre le Mexique, la guerre de Sécession qui a mis en péril l'Union elle-même, et la guerre contre l'Espagne. Le peuple américain, cependant, bien que son histoire encore brève prouve qu'il n'est pas à l'abri d'accès belliqueux, n'a jamais abandonné l'idéal des fondateurs de la République, qui rêvaient d'édifier « une nation pacifique, dont les guides seraient la justice et la raison [1] ». Il a toujours regardé les armées permanentes comme une

---

1. JOHN BASSETT MOORE, *American diplomacy*, p. 200.

menace pour la liberté et pour la paix, et l'armée américaine n'a guère été jusqu'à présent qu'une force de police. De bonne heure, il s'est montré un des plus fervents apôtres de l'arbitrage pour la solution des conflits internationaux, et les États-Unis sont à la tête des nations qui ont eu le plus fréquemment recours à cette procédure. La guerre européenne les surprenait au moment où le Gouvernement américain s'efforçait de conclure, avec les nations étrangères, des traités qui, sans prescrire formellement l'arbitrage, — auquel les nations ne peuvent accepter de soumettre certaines questions d'honneur ou d'existence primordiales pour elles, — pourraient diminuer sensiblement les risques de guerre. Les « Bryan Peace-treaties », que négociait M. William J. Bryan, secrétaire d'État, pacifiste convaincu, proposaient, lorsqu'un différend, de quelque nature que ce soit, s'élèverait entre deux puissances, et que les moyens de le résoudre diplomatiquement auraient échoué, de soumettre ce différend à l'enquête d'une commission internationale, dont les parties contractantes nommeraient les membres, et qui devrait publier son rapport dans le délai d'un an. Ces traités permettraient de suspendre une controverse irritante, d'arrêter les adversaires au bord de l'abîme, et de trouver une solution équitable que tous deux, leur colère apaisée, pourraient plus aisément accepter. Lorsque éclata la guerre, M. Bryan avait déjà pu signer des traités sur cette base avec quelques nations, et il était en négociations avec les grandes puissances européennes, maintenant belligérantes. L'opinion publique américaine avait accueilli avec faveur et espoir cette nouvelle tentative d'accroître les chances de solutionner pacifiquement les conflits entre peuples : la guerre éclatant à ce moment causait une vive déception. Le gouvernement américain n'interrompit pas, pour cela, ses négociations, et, au milieu de septembre 1914, alors que le canon tonnait à l'orient et à l'occident de l'Europe, il concluait avec la France, la Grande-Bretagne et la Russie, aux prises avec les Empires germaniques, les traités par lesquels ces nations entendaient assurer la permanence de la paix entre elles et les États-Unis [1].

---

1. Ces traités furent signés à Washington : ceux avec la France et la Grande-Bretagne, le 15 septembre 1914 ; celui avec la Russie, le 18 septembre. Les ratifications ont été échangées : avec la Grande-Bretagne, le 10 novembre 1914, avec la France, le 22 janvier, et avec la Russie, le 22 mars 1915.

L'Allemagne avait décliné les propositions de ceux-ci. Son refus fortifiait l'opinion qui la rendait responsable de la guerre. « Il y a une tendance générale dans la presse américaine, — disait le *Literary digest* de New-York, le 15 août, — à regarder l'Allemagne et son souverain comme grandement responsables de la guerre. ». Le *World*, de New-York, écrivait sans ambage : « Le Kaiser plonge l'Europe dans le conflit le plus sanglant qu'on ait encore vu dans l'histoire de l'humanité », et le *Republican*, de Springfield : « Pour si ardemment qu'ait combattu le parti de la guerre en Autriche pour arriver à ses fins, il n'aurait pas osé prendre une décision aussi soudaine et aussi décisive, sans une entente secrète avec l'Allemagne. » Le 27 août, la *Nation*, de New-York, organe calme et pondéré, disait : « Les Américains n'accusent pas le Kaiser, parce qu'ils ne peuvent le dire avec certitude, d'avoir cherché et voulu délibérément la guerre, mais ils affirment qu'il était en son pouvoir de l'empêcher et il ne l'a pas fait. » L'opinion, sur ce point, ne devait pas varier. Quelques semaines plus tard, l'éditeur de la *North American Review*, George Harvey, le constatait : « Comme une simple question de fait, sans rechercher si elle a tort ou raison, nous constatons qu'il ne fait pas doute que l'opinion publique américaine regarde le Kaiser comme principalement responsable pour le commencement de cette grande guerre. »

Dès le 4 août, le gouvernement des États-Unis avait publié une proclamation de neutralité. Le lendemain, le Président offrait ses bons offices aux belligérants, « comme chef d'une des puissances signataires de la Convention de La Haye », pour « agir dans les intérêts de la paix européenne, maintenant ou à tout autre moment qui pourrait être plus convenable ». Son offre, à ce moment, n'avait aucune chance de succès : les Allemands ne pensaient pas alors que leur entrée triomphale à Paris pût être empêchée, et les Alliés, particulièrement la France, savaient que la lutte engagée par les Empires du centre devait être une lutte à outrance. En s'autorisant de la Convention de La Haye pour faire ses offres de médiation, M. Wilson ne faisait aucune allusion à la cinquième de ces conventions, signée comme les autres par l'Allemagne et les États-Unis, et qui déclare expressément que « le territoire des puissances neutres est inviolable » et « interdit aux belligérants de faire passer sur le territoire d'une puissance neutre des troupes ou des convois de munitions ou d'approvisionnements »; le 3 août, à 7 heures du soir, avait expiré l'ultimatum de l'Allemagne à la Belgique; le lendemain matin, les troupes allemandes avaient franchi la frontière belge.

Si le Président avait cru devoir rester muet devant cette criminelle agression, justifiée au dire de l'Allemagne par la « nécessité militaire», elle provoquait dans la presse américaine de véhémentes protestations, au nom du droit violé et de l'humanité. La *Nation*, de New-York, s'écriait : « Par cette action, l'Allemagne s'est montrée prête à agir contre l'Europe occidentale tout entière... si une coalition contre elle n'existait pas, on devrait la créer[1]. »

L'incendie de Louvain, le bombardement de la cathédrale de Reims, les attentats répétés par des avions et des zeppelins sur des villes ouvertes, causèrent une véritable stupeur et accrurent l'indignation. Au lendemain du jet de bombes par des aviateurs sur Anvers, au centre de la ville, dont furent victimes plusieurs femmes et enfants, la *Post*, de Washington, di-

---

1. 6 août 1914.

sait : « Ceci n'est plus la guerre ; c'est une boucherie sans pitié, » et le *Journal*, de Providence, écrivait dramatiquement : « Ni le bruit pesant des légions de l'Allemagne en marche, ni le tonnerre de ses bombes et de ses canons ne pourront étouffer le cri d'un seul petit enfant belge. » La brutalité des Allemands, leur violation volontaire et continue des règles du droit des gens, auxquelles ils avaient solennellement souscrit, à côté des autres nations civilisées, causaient dans la population américaine une profonde émotion. Les représentants les plus autorisés de l'élite intellectuelle, les présidents des Universités, qui ont la haute mission de former les jeunes générations, sentirent qu'il était de leur devoir d'exprimer publiquement auxquels des acteurs de ce drame sanglant allait leur sympathie. Le président Butler, à la séance solennelle d'ouverture de l'Université Columbia (23 septembre), à New-York, déclarait : « Nous sommes une nation neutre, et le président Wilson nous a prescrit avec raison d'observer la neutralité dans nos paroles et dans nos actes; mais la neutralité n'est pas l'indifférence; ce n'est pas la neutralité du passant qui se détourne d'une rixe de la rue; c'est la neutralité d'un juge... Nous ne pouvons pas, nous ne devons pas nous abstenir de porter un jugement sur la conduite des hommes, — individus ou nation[1]. » Et le respecté Charles W. Eliot, président honoraire de la célèbre Université Harvard, aux destinées de laquelle il a présidé pendant de nombreuses années, publiait une série de lettres dans le *Times*, de New-York, où il exposait les raisons pour lesquelles la sympathie des Américains allait aux Alliés, et qui les empêchaient, tout en observant fidèlement la neutralité officielle prescrite par le Gouvernement, d'être neutres d'esprit et de cœur : d'un côté, deux nations combattant pour la cause de l'impérialisme, du militarisme, du gouvernement par la force ; de l'autre, les deux grandes nations jouissant du régime le plus libéral en Europe, alliées avec un empire militaire pour la défense de leurs libertés : « A ces deux nations, l'Angleterre et la France, nous avons une dette profonde pour notre sécurité, notre indépendance et notre foi dans la liberté sous la protection des lois : ainsi notre neutralité sentimentale est hors de question. » Et le docteur David Starr Jordan,

---

1. *Le Temps*, 28 octobre 1914.

président de l'Université Stanford, en Californie, disait : « Beaucoup de mal et peu de bien dans cette guerre. Mais il y a des degrés dans le mal, et il arrive que le mal par comparaison devient presque le bien... Une guerre peut être honorable. Dans une guerre honorable, les armées combattent les armées, elles n'attaquent pas les simples citoyens... Le sac de Malines, d'Aerschot, de Dinant, n'est pas un acte honorable. La destruction de Louvain... a été un acte déshonorant. C'est une tache que les années ne pourront effacer des annales allemandes. L'Allemagne d'aujourd'hui est un anachronisme. Son idéal scientifique est du vingtième siècle ; son idéal politique est du seizième. Ses gouvernants ont fait d'elle la plus superbe machine à combattre dans un monde lassé de combattre. Pour des vainqueurs cuirassés d'armures, le monde moderne n'a plus de place ; il ne les adorera plus ; il ne leur obéira plus ; il ne respectera plus ceux qui les adoreront ou les suivront ; il ne trouve plus d'hommes qui soient assez bons pour gouverner les autres hommes contre leur volonté. Une grande nation que son propre peuple ne contrôle pas est une nation sans gouvernement ; elle est une épave sur la mer internationale. Elle est un danger pour ses voisins, un danger plus grand encore pour elle-même[1]. »

Cependant, l'opinion séparait soigneusement l'Allemagne militaire et des hobereaux du peuple allemand lui-même. La *Nation* répondait à ceux de ses lecteurs qui protestaient contre son attitude décidée à l'égard du Kaiser : « Nous avons toujours eu et toujours exprimé la plus haute admiration pour le peuple allemand, mais jamais pour l'Allemagne du Kaiser[2]... Ce n'est violer ni la neutralité, ni la bonne foi, ni le bon sens, si, dans ce pays, nous croyons et nous soutenons que c'est la prostration de l'intelligence et de la conscience allemandes, depuis un trop long temps, devant la honteuse idole du militarisme, qui a permis aux maîtres de l'Allemagne d'exposer sa splendide civilisation aux hasards de la guerre[3]. » « Nous admirons l'Allemagne, — disait *the Record*, de Boston, — pour son peuple et pour la population d'origine allemande établie aux États-Unis, mais l'idéal de liberté est sacré. Il est au-dessus des alliances

---

1. *Le Temps*, 14 novembre 1914.
2. 13 août 1914.
3. 27 août 1914.

ou des préjugés... Nous ne croyons pas dans le gouvernement autocratique, qui est l'idéal de gouvernement allemand. » Le président Charles W. Eliot déclarait, lui aussi, que « ce serait commettre une lourde erreur que de s'imaginer qu'il y a en Amérique un sentiment quelconque d'hostilité ou de jalousie à l'égard de l'Allemagne ; qu'on refuse de reconnaître les immenses obligations que le reste du monde a contractées envers cette grande nation... Les sympathies américaines vont au peuple allemand dans ses souffrances et dans ses deuils, mais non pas à ceux qui le gouvernent, ni à la caste militaire, ni aux professeurs et aux lettrés qui ont enseigné, depuis plus d'une génération, que la force crée le droit[1]. ». Les Américains originaires d'Allemagne s'attachaient davantage encore, naturellement, à faire le départ entre ces deux Allemagnes, mais ils ne condamnaient pas moins vigoureusement que leurs concitoyens les auteurs responsables de la guerre. « Assurément, disait le fils d'un émigré allemand, M. Oswald Garrison Villard, publiciste réputé[2],

---

1. *New-York Times*, 28 septembre 1914.
2. « The two Germanys » ; *American Review of Reviews*, septembre 1914.

aucun Germano-Américain qui a foi dans les institutions républicaines, dans le gouvernement populaire, dans l'idéal de Washington et de Lincoln, ne peut défendre l'Allemagne du Kaiser et l'autocratie militaire. Mais il y a une autre Allemagne à côté de celle des autocrates, entièrement différente, infiniment plus noble. C'est l'Allemagne des grandes âmes qui ont réellement fait l'esprit de la nation, ses penseurs, ses professeurs, ses savants, ses administrateurs, ses poètes, ses glorieux musiciens, ses philosophes, ses idéalistes, ses patriotes des guerres pour l'indépendance et de la lutte malheureuse pour la liberté en 1848... C'est cette Allemagne que nous voyons prostrée aujourd'hui. C'est cette Allemagne qui est assassinée, quelle que soit la raison ou l'excuse invoquée pour justifier cette guerre. »

Mais, pendant ces quelques semaines du début de la guerre, bien que neutres et décidés à conserver une stricte neutralité officielle, les Américains n'étaient pas eux-mêmes sans préoccupations sérieuses. Leur sollicitude avait été brusquement rappelée sur leur propre pays.

Le conflit européen avait eu sur les États-Unis une répercussion immédiate et d'une ampleur inattendue. Le vent de tempête qui soufflait sur l'Europe avait franchi l'Atlantique : une violente crise financière menaçait l'Union. Il fallut plus de trois mois pour la maîtriser.

Elle survenait à un moment dangereux. Une forte dépression industrielle avait caractérisé l'hiver 1913-1914. Elle commençait à peine à s'atténuer au début de l'été. Dans l'Est, on était pessimiste quant à l'avenir prochain. Les industriels n'étaient pas encore adaptés au nouveau tarif douanier, voté en octobre précédent[1], qui rompait résolument avec la politique de protection outrancière régnante depuis près de vingt-cinq ans. Les nouveaux projets de législation contre les trusts, à l'étude au Congrès, entretenaient un certain malaise. Enfin, on attendait avec anxiété la réponse de l' « Interstate Commerce Commission » à la demande de relèvement de tarifs faite par les Compagnies de chemin de fer

1. Tarif Underwood-Simmons.

à l'est du Mississipi. L'industrie métallurgique, une des plus éprouvées, espérait qu'une reprise des programmes d'amélioration et d'extension des voies ferrées, dont l'exécution avait dû être fort ralentie, serait rendue possible et lui fournirait l'élément d'activité qui lui faisait défaut. La décision rendue le 1er août seulement par l'« Interstate Commerce Commission » fut une déception : elle n'accordait qu'une faible partie des demandes des compagnies.

Au contraire des régions industrielles, au début de l'été 1914, l'optimisme régnait dans les régions agricoles : dans l'Ouest, la récolte des céréales, en particulier du blé, dans le Sud, celle du coton s'annonçaient exceptionnelles.

Le monde financier était encore troublé par les fortes exportations d'or faites les mois précédents. Du premier janvier au 30 avril, il y avait eu un excédent d'importation de plus de 5 millions de dollars, mais, en mai et juin, les exportations avaient dépassé de 59 millions les importations. Au début de juillet, cependant, ce mouvement insolite paraissait enrayé. A ce moment, suivant un économiste américain, « le marché financier de New-York était dans sa position normale du milieu de l'été... Les balances à l'étranger étaient faibles, et des sommes importantes avaient été empruntées à Londres, au moyen de traites anticipant le produit des effets auxquels allait donner naissance, en automne, l'exportation des céréales et du coton[1] ».

Dès le lendemain de la remise par l'Autriche-Hongrie de sa note comminatoire à la Serbie, le 24 juillet, la tension financière qui se manifestait en Europe se répercutait aux États-Unis. La place de New-York recevait de l'étranger des ordres considérables de vente de valeurs américaines : en juillet, on traita au Stock-Exchange le double du nombre d'actions que l'on avait traité le mois précédent[2]. Comme conséquence, les exportations d'or reprenaient : dans la semaine du 27 juillet au 1er août, elles dépassaient 24 1/2 millions de dollars et la semaine suivante elles atteignaient 19 millions.

1. O. M. W. SPRAGUE : « The War and the financial situation in the United States », *Quaterly Journal of Economics*, novembre 1914, pp. 181-186.
2. Volume des transactions à la Bourse de New-York (milliers omis) (*The Chronicle*, 7 novembre 1914).

	NOMBRE DE TITRES (Actions)	VALEUR AU PAIR	VALEUR AU COURS
Mai 1914	4.757	393.348	374.842
Juin	4.002	343.676	324.688
Juillet	7.920	701.681	625.478

La place de New-York soutint avec fermeté, pendant les premiers jours, cette situation dont « peu de personnes réalisaient le caractère menaçant, et « le 30 juillet, après une discussion approfondie. il fut décidé de ne pas fermer le Stock-Exchange[1] ». Mais, le lendemain, avant l'ouverture, on avait connaissance de la décision prise à Londres de ne pas ouvrir la Bourse le 31. Le comité du Stock-Exchange de New-York décida de suivre cet exemple : la Bourse de Londres fermée, les opérations pratiquement suspendues à celle de Paris, New-York se fût trouvée la seule place où l'on aurait pu décharger des titres. Les banques avaient reçu des ordres de vente considérables : si l'on ouvrait la Bourse, plus d'un million de titres seraient jetés sur le marché.

Les financiers américains se trouvèrent brusquement en face d'une situation sans précédent : la proclamation de moratoires par les gouvernements d'Europe, leur coupait les crédits qui leur sont nécessaires, en été, pour atteindre le moment où commence l'exportation des céréales, puis du coton. La situation était aggravée par

1. Lettre de New-York, datée du 1ᵉʳ août, *The Economist*, 15 août 1914.

l'interruption subite et presque totale des transports maritimes.

Dès la dernière semaine de juillet, par suite des ventes considérables de titres effectuées à New-York et du désir des vendeurs de réaliser leurs crédits, les changes étaient bouleversés. En temps normal, le *gold point* de la livre st. est 4 dollars 89 1/2 : à ce cours, il devient profitable d'exporter de l'or. Le 29 juillet, le chèque sur Londres était coté 4,95, et les transferts télégraphiques, 5 dollars ; le 31, on cotait 5,50 et 6,35, et le 1er août, on voyait les cours extraordinaires de 6 et 7 dollars. Le 4, les affaires de change étaient pratiquement suspendues ; le 6, on ne cotait plus de cours. Les envois d'or même ne pouvaient plus s'effectuer ; la navigation maritime était arrêtée. Le paquebot *Kronprinzessin Cecilia*, parti avec 10.697.000 dollars en or et une quantité importante de métal-argent adressés à Londres et à Paris, surpris par la déclaration de guerre de l'Angleterre à l'Allemagne, rentra avec son chargement à Bar Harbor (Maine)[1].

Pour venir en aide aux touristes américains,

---

1. *The Chronicle*, 8 août 1914.

si nombreux en Europe à cette époque de l'année, et qui, dans l'impossibilité d'encaisser les chèques ou les lettres de crédit dont ils étaient porteurs, se trouvaient sans ressources, le gouvernement dut envoyer un navire de guerre, le *Tennessee*, porteur de 4 millions 1/2 de dollars d'or : un tiers provenant d'un crédit spécial voté par le Congrès, le reste fourni par un comité de banquiers.

La tempête surprenait les États-Unis à l'époque de l'année où leur situation est toujours délicate.

Les banques de l'Ouest conservent habituellement une partie importante de leurs réserves dans les banques de l'Est, à New-York particulièrement, mais elles les retirent vers le milieu de l'été, pour faire face aux besoins de numéraire nécessités, dans leur région, par le mouvement des récoltes. Pour répondre à leur demande, les banques de l'Est réduisent le chiffre des avances qu'elles consentent au jour le jour au marché de Wall street. Elles emploient ainsi la part de leurs réserves qu'elles veulent conserver disponibles. Cette année, la fermeture du Stock-Exchange les mettait dans l'impossibilité d'exiger la liquidation de leurs prêts : des sommes considérables se trouvaient ainsi immobilisées.

L'absence de papier commercial aisément négociable : l'usage de la lettre de change a presque disparu aux États-Unis ; l'aversion pour la pratique du ré-escompte ; le manque d'une institution analogue aux banques centrales d'Europe, dotées du privilège d'émission, privaient les banques américaines d'un moyen facile de mobiliser rapidement leurs ressources. Il fallut donc recourir à des moyens extraordinaires. Dès le 3 août, le « Clearing-House » de New-York décidait l'émission de *Clearing House certificates*. Ces certificats, auxquels on a recours dans les périodes de crise, sont remis aux banques contre des engagements garantis par des valeurs, et servent à effectuer les règlements entre les banques membres de la chambre de compensation. C'est un moyen d'éviter un fléchissement trop rapide des réserves, dont le maximum est fixé par la loi. L'émission de ces certificats par les douze « Clearing-Houses » qui y eurent recours, atteignit à son maximum, fin septembre, 195.754.000 dollars.

Ce palliatif était insuffisant. Il ne permettait pas de satisfaire aux besoins de numéraire de l'Ouest, et, surtout, il ne mettait pas les banques en état de faire face, en cas d'affolement du public, à des demandes anormales de retrait des dépôts. La crainte d'un affolement était si grande que, le 3 août, sur le conseil du surintendant des banques de l'État de New-York, la « New-York State savings banks Association », avait décidé d'appliquer la clause de sauvegarde, qui exige un préavis de 60 jours pour le retrait des dépôts d'épargne, sauf pour les sommes inférieures à 50 dollars[1]. Depuis la violente crise financière de 1907, pendant laquelle les défectuosités de l'organisation du système bancaire et de la circulation fiduciaire avaient apparu si nettement et coûté si cher au pays, on avait entrepris l'étude d'une réforme radicale. Celle-ci avait été réalisée par le « Federal reserve Act » du 23 décembre 1913, mais la mise en œuvre de cette loi exigeant une longue préparation, au mois d'août elle n'était pas encore entrée en vigueur. Heureusement que cette loi avait étendu jusqu'au 15 juin 1914 l'« Aldrich-Vreeland Act », adopté en 1908 comme mesure protectrice transitoire. Cette loi autorisait l'émission, en cas de crise, par des associations

---

1. *The Chronicle*, 8 août 1914.

spéciales formées par le groupement de banques nationales, de billets garantis par un dépôt de valeurs autres que des titres fédéraux, et même, mais dans des proportions étroitement limitées, par des effets de commerce [1]. Dès le 3 août, le secrétaire du Trésor décidait la mise en application de cette loi, et, le lendemain, le Congrès l'amendait, à sa demande, pour en faciliter l'usage. Au 1er août, les banques nationales avaient en circulation pour 716 millions de dollars de billets. Au 1er septembre, l'émission des billets de crise était de 141 millions de dollars, et, à la fin d'octobre, à son maximum, elle atteignait près de 378 millions. Grâce à cette extension de la monnaie fiduciaire, heureusement maintenue dans des limites raisonnables, les banques purent satisfaire aux demandes du public sans aucune restriction. Elles n'eurent même pas, pour protéger leurs réserves, à restreindre leurs avances, puisque, entre le 30 juin et le 12 septembre, le chapitre « Loans and other investments » s'accrut de 307 millions, environ.

[1]. C'était là une dérogation importante au principe fondamental de la circulation fiduciaire adopté à l'époque de la guerre de Sécession, qui basait l'émission des billets uniquement sur la garantie de titres fédéraux.

4 p. 100. Le taux de l'intérêt ne dépassa pas 8 p. 100 au mois d'août, et, au début de novembre, le marché de l'argent était établi aux environs de 6 p. 100[1].

Le développement de la circulation fiduciaire assurait les besoins du marché intérieur. Il fallait pourvoir également au règlement des dettes à court terme, qui allaient venir à échéance en Europe, sur les marchés de Londres et de Paris, notamment : dettes contractées par les compagnies de chemins de fer, les sociétés industrielles, les municipalités. En temps normal, on les aurait aisément renouvelées ; en ce moment, les créanciers en exigeaient le remboursement, et, par suite des moratoires, il était impossible de trouver en Europe aucun moyen de compensation. On estimait entre 300 et 400 millions de dollars le montant de ces dettes, arrivant à échéance entre le 1er août et le 1er janvier[2].

Pour faciliter ces règlements, une chose importait avant tout : la reprise des transports maritimes, pour permettre l'exportation des céréales et du coton. L'élévation considé-

---

1. *The Chronicle*, 7 novembre 1914.
2. Suivant le contrôleur de la circulation, M. John Skelton Williams, *The Chronicle*, 3 octobre 1914.

rable des primes d'assurance était un sérieux obstacle : une loi du 2 septembre créa un service fédéral d'assurances du corps des navires et des cargaisons contre les risques de guerre. Inauguré le 28 septembre, ce service avait, à la fin d'octobre, émis des polices couvrant plus de 9 millions de dollars de risques [1].

Le pavillon américain, bénéficiant des immunités des neutres, offrait pendant la guerre une attraction particulière. Malheureusement pour les États-Unis, bien que leur marine marchande représente 8 millions et demi de tonneaux, un cinquième seulement, environ un million et demi de tonneaux, sont affectés à la navigation internationale. Ils confient 92 p. 100 de leurs transports maritimes à des pavillons étrangers. Cependant, les Américains ont d'importants intérêts, estimés à 2 millions et demi de tonneaux, dans les lignes de navigation étrangères. Les exigences des lois de nationalisation et de navigation, conçues en vue de protéger l'industrie et la main-d'œuvre nationales, sont en grande partie la cause de cette anomalie. Les circonstances firent fléchir l'intransigeance maintenue jusqu'alors. Une loi

[1]. En novembre 1915, le total des risques couverts dépassait 89 millions de dollars.

du 18 août autorisa la nationalisation des navires construits à l'étranger, sans condition d'âge, qui sont la propriété des sociétés ou des citoyens américains; l'usage de ces navires était limité à la navigation internationale. Cette loi n'a pas produit les résultats espérés : au 22 octobre 1914, 275.000 tonneaux avaient été ainsi nationalisés et, au 8 mai 1916, le bénéfice en avait été demandé pour 617.000 tonneaux seulement [1].

Tenté par l'occasion qui s'offrait d'acquérir à de bonnes conditions les superbes paquebots de la « Hamburg Amerika Linie », immobilisés dans le port de New-York, le gouvernement proposa la création, dans ce but, d'une société dans laquelle il serait intéressé pour 5 p. 100. Le projet dut finalement être abandonné, au moins provisoirement, à la suite d'observations amicales faites par les gouvernements anglais et français au sujet de l'achat, après la déclaration de guerre, de navires appartenant à une nation belligérante.

Les relations régulières entre les États-Unis et l'Europe occidentale étaient rétablies dès la fin d'août, aussitôt la maîtrise de la mer assurée

---

1. *The Chronicle*, 13 mai 1916.

à l'Angleterre. Les exportations de marchandises qui, de 154 millions de dollars en juillet, étaient tombées à 11 millions en août, se relevaient à 156 millions en septembre; elles restaient cependant encore de beaucoup inférieures au chiffre normal à cette époque de l'année [1]. Cette reprise facilitait le règlement de la balance financière des États-Unis, mais elle ne pouvait agir que lentement. Or, il fallait assurer le remboursement des dettes qui venaient à échéance : des mesures spéciales s'imposaient.

Deux syndicats furent formés : l'un, — le « City Fund », — entre les banques de New-York, pour rembourser 80 millions de dollars de bons de la ville de New-York, placés en Angleterre et en France, dont l'échéance s'échelonnait de septembre à la fin de l'année. L'autre, — « le Gold Fund », — entre toutes les banques des « Reserve-Cities », pour constituer un fonds de

[1]. Valeur des importations et des exportations de marchandises (millions de dollars).

	IMPORTATIONS			EXPORTATIONS		
	1914	1913	1912	1914	1913	1912
Juillet	160	139	148	154	160	148
Août	130	137	154	110	187	167
Septembre	140	171	144	156	218	200
Octobre	140	132	177	194	271	254

100 millions de dollars or destiné à pourvoir au règlement des dettes de toute nature. Par un arrangement avec la Banque d'Angleterre, il fut décidé qu'au lieu d'expédier l'or à Londres, on l'enverrait simplement au département des finances à Ottawa, qui le recevrait pour le compte de la Banque.

La situation du Sud causait de graves préoccupations. La récolte du coton était exceptionnelle : dépassant 16 millions de balles, elle établissait un nouveau maximum [1]. Mais la guerre avait détruit les espérances des planteurs, et, à la richesse entrevue, elle faisait succéder des visions de ruines. En temps normal, l'étranger prend environ 9 à 10 millions de balles, dont un tiers à peu près va en Allemagne. Que demanderait l'Europe, cette année ? Que serait-il possible d'envoyer aux Empires centraux ? On pouvait espérer, sans doute, que l'industrie cotonnière américaine, vraisemblablement même l'industrie japonaise, augmenteraient leur consommation pour compenser, au moins partiellement, le dé-

1. Récoltes de coton (millions de balles) :
    1911 15,7
    1912 14,0
    1913 14,2
    1914 16,1

ficit de la production des pays en guerre. On estimait cependant que le Sud devrait emmagasiner un stock de 4 à 5 millions de balles, alors qu'à l'ordinaire ce stock ne dépasse pas un quart de million. Cette situation avait provoqué la débâcle des prix : à la veille de la guerre, le coton (*middling upland*) était coté 13 cents la livre ; à la fin de septembre, on le cotait 8 cents. Il fallait secourir les planteurs. Dans les premiers moments d'anxiété causés par cette dangereuse situation, on vit surgir de divers côtés des projets de valorisation. Le secrétaire du Trésor les désapprouva nettement. Au début d'octobre, dans une conférence de banquiers tenue à Saint-Louis, il fut décidé de créer, avec l'aide des banques nationales, des banques d'État, des « trusts companies, » des sociétés commerciales et industrielles, un fonds important pour faire des prêts sur le coton et empêcher ainsi l'avilissement des prix. Le fonds fut fixé à 135 millions de dollars ; les prêts devaient être faits sur la base de 6 cents la livre. « L'établissement de ce fonds — dit le Comité, — fera de la récolte un actif liquide, stabilisera les prix, et rétablira les conditions normales dans toutes les branches de l'industrie cotonnière. » En même temps, on s'efforçait de convaincre les planteurs de la nécessité de diminuer l'étendue des terres affectées au coton, en vue de réduire la prochaine récolte, et on leur conseillait d'y substituer le blé, partout où cela était possible[1].

Les recettes du Trésor fédéral se trouvèrent fortement affectées dès le début de la guerre : 40 p. 100 environ de ces recettes proviennent des produits des douanes. La contraction des importations vint aggraver la diminution de revenu attendue de l'application du nouveau tarif douanier. Au début de septembre, le Président demandait au Congrès de pourvoir, par le vote d'impôts extraordinaires, au déficit qui s'annonçait pour l'année financière en cours, et pourrait s'élever de 60 à 100 millions[2]. Sans

---

1. *The Chronicle*, 10 octobre 1914.
2. Budget fédéral (millions de dollars) :

	1912-13	1913-14	1914-15 (prévisions)
Recettes ordinaires	723	734	728
Dépenses ordinaires . . .	682	701	702
Excédent des recettes . . .	41	33	26
Dépenses pour le canal de Panama (non compries dans les dépenses ordinaires)	41	35	26

L'année financière aux États-Unis va du 1ᵉʳ juillet au 30 juin.

doute, le Trésor, qui avait un fonds disponible de 119 millions, aurait pu y faire face sans recourir à des impôts nouveaux. Mais la majeure partie de cette somme, 75 millions environ, était, suivant la pratique habituelle, déposée dans les banques nationales, qui en avaient disposé pour des prêts à des entreprises industrielles ou commerciales. Si le Trésor retirait ses fonds, les banques devraient réduire d'autant leurs avances et un nouveau trouble serait ainsi apporté à la situation économique. Le Président écartait l'idée de recourir à l'emprunt, qui aurait abouti, en somme, à un résultat analogue, en immobilisant, à un moment inopportun, des capitaux qui pourraient trouver à s'employer activement dans le pays. Celui-ci, d'ailleurs, était, sans contesté, en état de supporter la charge modérée d'impôts que des circonstances exceptionnelles nécessitaient.

Acceptant les propositions du Président, le Congrès rétablit simplement — («Emergency revenue act», septembre 1914) — un certain nombre des taxes intérieures auxquelles on avait eu recours à l'époque de la guerre contre l'Espagne : droits sur la bière, le vin et autres boissons fermentées ; droits sur des articles de parfumerie ; licences frappant un certain nombre de commerces : banquiers, courtiers, propriétaires de théâtres et de concerts, marchands-commissionnaires, fabricants et débitants de tabac ; droits de timbre sur les valeurs et effets de commerce. On attendait de ces taxes un revenu de 90 millions pour l'année financière en cours [1].

La reprise des exportations facilita la solution de la crise : de 156 millions en septembre, elles passaient à 194 en octobre et atteignaient 205 millions en novembre. En même temps, la modération des importations facilitait la reprise des excédents d'exportation : en août, les importations avaient dépassé les exportations de 19 millions ; en septembre, la situation était déjà retournée : l'excédent des exportations de marchandises était de 16 millions ; en octobre, il était de 56 millions, et en novembre, de 79 millions. Les exportations d'or continuaient : en septembre, l'excédent des exportations était de 19 millions, en octobre de 44 millions, mais, en novembre il n'était plus que de 7 millions,

---

[1]. L' « Emergency revenue act » avait été voté pour un an. En décembre 1915, il a été maintenu en vigueur pour une autre année.

et, en décembre, il faisait place à un excédent d'importation.

A la fin d'octobre, la crise des changes était maîtrisée. Au milieu de septembre, la livre st. à vue était encore cotée 5.01; au début d'octobre, la cote était ramenée à 4.95; le 26, on revoyait le pair d'exportation : 4.89. La solution était facilitée par l'abolition du moratoire en Angleterre, le 4 novembre. Un quart seulement du montant souscrit au « Gold Fund » avait été appelé; on n'avait envoyé que dix millions à Ottawa pour le compte de la Banque d'Angleterre. Le 22 janvier, il fut décidé que, par suite de l'amélioration de la situation, ce fonds n'avait plus d'utilité, et il fut liquidé.

Dès le 21 octobre, les banques commençaient à retirer les *Claring-house certificates*; au début de décembre, ils étaient tous rentrés. Voulant éviter une abondance exagérée de monnaie fiduciaire, qui exciterait à la reprise des exportations d'or, elles firent également rentrer les billets émis en vertu de l'« Aldrich-Vreeland Act » : à la fin de décembre, le montant en circulation était ramené à 150 millions; à la fin de janvier, il n'était plus que de 65 millions. Cette mesure était facilitée par l'entrée en vigueur, le 16 novembre, du « Federal reserve Act[1] ». Le nouveau système crée douze banques de réserve fédérales, dont le capital est fourni par les banques nationales. Les banques de réserve n'ont pour clients que les établissements mêmes qui sont leurs actionnaires. Elles centralisent les réserves régionales ; elles ont le droit d'émettre des billets de banque garantis par des effets de commerce : la pratique du réescompte sera ainsi facilitée, et, en se généralisant, aidera le crédit et assurera l'élasticité de la circulation fiduciaire. Le contact entre ces banques régionales, dont l'isolement les unes des autres aurait été une grave imperfection, est assuré par un comité fédéral qui, sans intervenir directement dans leur gestion, pourra cependant donner au système tout entier une impulsion d'ensemble et maintenir l'unité de vue pour les grandes lignes de la politique générale.

Le 28 novembre, le Stock-Exchange de New-York rouvrait, après la plus longue interruption dans son histoire : lors de la crise de 1873, il n'avait été fermé que dix jours. Sa réouver-

---

[1]. ACHILLE VIALLATE : « la Réforme bancaire aux États-Unis ; le Federal reserve Act du 23 décembre », *Revue des sciences politiques*, 15 août 1915.

ture n'était même encore que partielle : seules les transactions sur les obligations étaient autorisées. Le 11 décembre, on reprenait également les transactions sur les actions, mais avec, pour les unes comme pour les autres, la fixation de prix minima.

La tourmente était passée, et le secrétaire du Trésor pouvait dire, avec satisfaction, dans son rapport annuel au Président, en décembre : « L'explosion de la guerre européenne a donné naissance à de nombreux et graves problèmes... Une panique, qui eût pu se changer en catastrophe sans précédent, pouvait aisément en résulter... Grâce à l'action prompte et efficace du département du Trésor et à la coopération cordiale et intelligente du monde des affaires, le danger a été conjuré. La confiance a été rétablie et les paiements en numéraire ont été maintenus à la face du monde... »

*
* *

Sauf un petit nombre d'hommes clairvoyants et avisés, que leurs études ou leurs occupations avaient amenés à suivre avec attention la vie internationale, les Américains se croyaient à l'abri de toute répercussion sérieuse d'une guerre européenne. La crise financière, qu'ils avaient difficilement maîtrisée, leur avait montré combien, dans le monde moderne, où l'organisation économique est devenue si complexe, les intérêts de tous les pays sont étroitement enchevêtrés. Cette manifestation du degré auquel les États-Unis sont liés maintenant à la vie générale des nations de l'Europe occidentale avait été une véritable surprise pour la masse de la population. Une autre, plus grande et d'un caractère plus sérieux, lui était réservée. La crise financière était à peine résolue, que s'annonçaient les symptômes d'une autre crise, nationale cette fois. Il y avait dans la composition même de la nation américaine, où les individus nés à l'étranger ou descendants de parents nés à l'étranger, c'est-à-dire les Américains à la première ou à la seconde génération, forment, à l'heure actuelle, près du tiers de la population, un élément dangereux pour le respect scrupuleux de la neutralité. Ces citoyens ou ces résidents de fraîche date, car beaucoup parmi les immigrés les plus récents n'avaient pas encore acquis les droits de citoyens, originaires des nations aux prises dans un conflit qui avait pour enjeu leur existence même, pouvaient-ils rester indifférents ? La manifestation de leurs sentiments, le désir d'aider de façon matérielle l'ancienne mère-patrie, où beaucoup d'entre eux avaient encore des liens d'affection puissants, pourraient causer de graves embarras au gouvernement, troubler même le pays, s'il se formait des factions rivales anxieuses de voir favoriser l'un ou l'autre groupe de belligérants.

Le Président appréhendait cette grave éventualité. Dès les débuts de la guerre, il crut devoir appeler l'attention de la population sur ce danger, et insister auprès de ses concitoyens pour qu'ils « demeurassent impartiaux en pensée comme en action ». « Tout homme qui aime vraiment l'Amérique, — disait le Président, — agira et parlera dans le véritable esprit de neutralité... La population des États-Unis a été formée d'individus issus de nombreuses nations et plus particulièrement des nations en guerre à l'heure actuelle. Il est donc naturel et inévitable qu'il y ait parmi eux de grandes divergences de vues et de sympathies en ce qui touche les causes et l'issue du conflit... Il sera facile d'exciter les passions, difficile de les apaiser. Une lourde responsabilité pèsera sur ceux qui les exciteront. Dans leur amour pour la patrie et dans leur loyauté pour le gouvernement, les citoyens des États-Unis doivent s'unir tous dans un sentiment exclusivement américain, engagés d'honneur à servir d'abord les intérêts du pays [1]. »

La politique de neutralité officielle ne soulevait aucune objection, mais, comme l'écrivait le président Eliot, et comme la tendance générale de la presse le manifestait : de neutralité d'esprit et de cœur il ne pouvait être question. La cause en était l'agression non justifiée des Allemands, leur conduite à l'égard de la Belgique et leurs violences envers les non-combattants. Un courant de réprobation contre l'Allemagne se manifestait. La vivacité de ces critiques semble avoir surpris à Berlin. Le 23 août, l' « Associated Press » publiait un appel du Chancelier demandant aux écrivains américains de traiter loyalement l'Allemagne : « L'Allemagne est isolée ; elle ne peut se défendre elle-même. »

La résistance de la France, qui va permettre à la coalition de s'organiser, la maîtrise de la

[1] Conseils du président Wilson à ses concitoyens, 18 août 1914.

mer assurée aux Alliés par la flotte anglaise, qui tient prisonnière dans la mer du Nord la flotte allemande, vont donner au facteur américain, dans cette lutte acharnée, une importance inattendue. L'Allemagne se rend compte, aussitôt manquée son attaque brusquée, de l'aide considérable que peuvent apporter à ses adversaires, même en restant neutres, les États-Unis. Grains et viandes de l'Ouest, coton du Sud, articles manufacturés de l'Est et du Centre-Nord, sont à leur disposition, et, si la sympathie américaine se dessine nettement en leur faveur, assistance financière même, si elle vient à leur faire besoin. Il importe de mettre les Alliés dans l'impossibilité d'user de ces ressources précieuses. Il faut donc agir sur l'opinion américaine, lui rendre sympathique la cause des Empires germaniques, travailler à obtenir des États-Unis une neutralité favorable à ceux-ci. L'Allemagne croit en avoir les moyens. Les Anglais se bercent de l'illusion que les États-Unis sont demeurés une puissance anglo-saxonne; que les liens du sang les unissent encore aux Américains : c'est une erreur. Les millions d'Allemands qui sont allés s'établir dans l'Union depuis le milieu du dix-neuvième siècle, et y ont fait souche, ont changé le caractère de celle-ci : ils l'ont germanisée. Qu'ils agissent, et, par leur nombre, ils pourront influencer en faveur des impériaux la politique des États-Unis. Loin du territoire des nations en guerre, dans le Nouveau-Monde, l'Allemagne allait engager une campagne grosse de conséquences.

Que sont donc les États-Unis d'aujourd'hui ? Quels étaient avant la guerre les sentiments, à l'égard des puissances européennes, de cette population qui compte maintenant près de cent millions d'individus ? Quelle place y tenaient les immigrants allemands ? comment y étaient-ils considérés ? Il importe, avant de continuer l'exposé des répercussions de la guerre sur l'Union américaine, et pour les mieux comprendre, de jeter un coup d'œil sur ces questions.

Au lendemain de la guerre d'Indépendance, les États-Unis n'étaient plus une colonie anglaise, sans doute : ils avaient conquis leur liberté politique, mais ils demeuraient, au point de vue économique et intellectuel, une colonie de l'Europe occidentale. Leur population résidait presque tout entière sur la bande de terre qui s'étend entre l'Atlantique et les Alleghanys : c'est vers le vieux monde que se dirigeaient leurs regards. L'immense région à l'ouest des montagnes n'était guère mieux qu'un désert, où erraient les Indiens. Du jour où de hardis pionniers franchirent les Alleghanys pour aller s'établir dans les plaines sans limites où venaient mourir leurs pentes occidentales, une vie nouvelle s'était ouverte pour les États-Unis. L'achat de la Louisiane marqua leur orientation définitive : ils étaient devenus une puissance continentale ; avant que la première moitié du dix-neuvième siècle fût écoulée, ils avaient reporté leur frontière de l'ouest jusqu'aux rivages du Pacifique. La mise en valeur de cet immense territoire allait absorber pendant un siècle le meilleur de l'activité des Américains : descendants des fondateurs des États-Unis et nouveaux immigrants d'Europe, sans lesquels cette œuvre grandiose ne serait, aujourd'hui encore, qu'à peine ébauchée. La prise de possession effective du sol n'a pu être réalisée qu'aux prix d'efforts persévérants et continus, et il n'y a qu'une vingtaine d'années à peine qu'ont disparu ces traits caractéristiques de l'histoire américaine : « la frontière », marquant la limite des territoires mis en culture, et un « Far West », à peine ou pas habité, où des terres vacantes s'offraient aux hommes courageux, ambitieux de se créer un *home* indépendant. L'histoire du long recul de cette frontière, dont on suit le tracé, repoussé chaque décade davantage vers l'ouest, sur les cartes des *census*, est une véritable épopée. Épopée qui n'offre pas l'éclat de celles de l'histoire européenne et nous paraît terne, à nous, habitants du vieux monde, dont les annales sont remplies et ornées d'un si grand nombre d'actions militaires, et où l'histoire de l'humble conquête du sol, si éloignée, est effacée par les luttes sanglantes et héroïques au prix desquelles se sont formées les nations. Mais cette conquête d'un continent sur la nature a une véritable grandeur, et lorsqu'on a suivi, dans les modestes récits qu'ils en ont laissés, les efforts laborieux de ces pionniers qui ont semé les premiers grains de maïs, élevé la première cabane sur des terres où seules quelques bandes de sauvages avaient erré jusqu'alors à la poursuite du gibier, et où s'est développée une des plus grandes nations du monde moderne, on s'aperçoit que cette épopée peut être mise en parallèle avec l'autre pour la grandeur morale et la valeur des sacrifices : il ne lui manque que l'éclat du décor.

Cette œuvre de la prise de possession du sol a dominé jusqu'ici l'histoire des États-Unis et marqué de traits particuliers le caractère des Américains. Absorbés par elle, s'éloignant chaque jour des rivages de l'Atlantique, ces conquérants des plaines de l'Ouest, qui portaient avec eux l'avenir de la nation américaine, ont perdu de vue l'Europe. Pour les problèmes quotidiens qu'ils avaient à résoudre, le vieux monde ne leur offrait pas de leçons. Il leur fallait acquérir eux-mêmes leur expérience. L'égalité des conditions d'existence ne permettait pas parmi eux les marques de distinctions sociales; l'obligation de vaincre des difficultés qui dépassaient les forces individuelles rendait nécessaire le recours à l'aide mutuelle; l'accomplissement d'une tâche, où si souvent les plus grands efforts étaient réduits à néant par un caprice inattendu des éléments, exigeait une ténacité inlassable et une foi profonde dans l'avenir. L'ardeur et la persévérance de ces hommes avaient pour fondement leur certitude qu'ils travaillaient à l'édification d'une nation et d'une société basées sur la liberté et la justice, qui serait un exemple que devraient suivre plus tard les nations qu'avaient désertées leurs pères pour vivre dans le Nouveau-Monde suivant leur idéal. « Nous marcherons sur nos pieds à nous, nous travaillerons avec nos mains à nous, et nous exprimerons nos idées à nous »; tel est, ainsi que l'a énergiquement exprimé Emerson, l'esprit qui a fait les États-Unis. Jusque bien avant dans la seconde moitié du dix-neuvième siècle, malgré la complexité d'origine des colons du début, le sang anglais avait eu une plus large part que tout autre dans la formation de la population américaine. Cette population ne croyait cependant pas avoir d'obligation particulière à l'Angleterre; bien plus, « le seul stimulant patriotique que l'enfant du pionnier reçût de l'école, ainsi que je le puis savoir par ma propre expérience, — nous dit un historien américain, — lui venait de l'histoire, laquelle lui inspirait la haine de l'Angleterre[1] ». On ne pardonnait pas à celle-ci la guerre de 1812 et l'incendie de Washington. Vers le milieu du dix-neuvième siècle, un esprit national était en voie de forma-

1. JOHN FINLEY : *les Français au cœur de l'Amérique;* traduction française, p. 445.

tion rapide aux États-Unis. Il était presque formé. Malheureusement, un germe de mésintelligence existait dans l'Union, dont le développement faillit la briser. Elle sortit consolidée de la guerre de Sécession, qui extirpa l'esclavage.

C'est à ce moment qu'un élément nouveau, qui pourrait devenir plus dangereux pour la formation de cet esprit national, entra en jeu : l'immigration. Celle-ci, pendant le premier demi-siècle de l'Union, n'avait amené d'outre-océan, qu'un million d'individus à peine, et, en 1840, la population était de 17 millions. Dans les cinquante années qui suivirent, c'est plus de 14 millions et demi d'émigrants que l'Europe envoie en Amérique, et, dans le quart de siècle ou presque qui conduit jusqu'à la veille de la guerre actuelle, on enregistre à peu près le même nombre d'arrivants[1]. Sans doute, tous ne sont pas restés et n'ont pas fait souche, mais

1. Chiffre de l'immigration.

	(milliers)
1789 à 1820	250
1821 à 1840	742
1841 à 1890	14.685
1891 à 1913	14.390

On estime au tiers environ le nombre des immigrants qui sont retournés dans leur pays d'origine.

malgré l'accroissement rapide de la population, qui atteint le chiffre de 31 millions et demi en 1860, dépasse 62 millions et demi en 1890, et s'élève à 92 millions en 1910, la proportion de l'apport étranger est considérable. Le problème créé par l'immigration s'est compliqué par le changement qui s'est produit pendant le dernier quart de siècle dans la provenance des immigrants. Jusqu'en 1890 environ, les pays du nord de l'Europe : Allemagne, Grande-Bretagne, Irlande, Pays Scandinaves avaient fourni plus des deux tiers de l'immigration. Depuis, leur part est tombée au tiers ; c'est des pays de l'orient et du midi de l'Europe : Russie, Autriche-Hongrie, Italie que provient la masse des immigrants ; ceux-ci sont de culture moins élevée que les premiers, et ils ont moins d'affinité avec les Américains d'origine.

Les États-Unis ont ouvert leurs portes toutes grandes aux étrangers; ils les accueillent avec plaisir. Sans leur aide, l'aménagement du pays, sa mise en valeur seraient singulièrement ralentis; ils apportent une main-d'œuvre nécessaire. Pourtant, cet afflux considérable ne laisse pas de causer quelque anxiété. En 1910, le recensement décennal montre que plus du tiers de la population totale est constitué par des individus nés à l'étranger, ou issus de deux ou d'un parent d'origine étrangère; et, si l'on ne tient compte que de la population blanche, ils forment environ les 3/8 de celle-ci[1]. Répartis suivant leur langue maternelle, sur ces 32 millions d'individus, 10 millions ont pour origine des pays de langue anglaise, 9 millions des pays de langue allemande. Comment, avec quelle rapidité, jusqu'à quel degré s'américanisent ces nouveaux venus ? Car il faut les américaniser au plus vite et de façon complète ; il faut faire d'eux de vrais Américains, puisqu'on leur accorde avec la plus grande libéralité les droits de citoyens. « Il n'y a pas de place dans une saine Amérique, — disait déjà en 1894 M. Théodore Roosevelt, — pour un vote germano-américain ou irlando-

---

1. Recensement de 1910 :

Population totale des États-Unis (non compris les dépendances)	91.972.266 habitants
Population blanche	81.731.957
Blancs nés à l'étranger	13.345.545
Blancs nés aux États-Unis dont les deux parents sont nés à l'étranger	12.916.311
Blancs nés aux États-Unis dont un parent est né à l'étranger	5.981.526
	32.243.382

américain[1]. » Le milieu américain pour l'émigrant lui-même, l'école publique pour ses enfants, voilà les agents sur lesquels on compte pour réaliser l'œuvre d'américanisation. Le fond originaire est-il assez fort pour s'imposer à cette foule de nouveaux venus, ne court-il pas le risque de se trouver lui-même modifié par eux? « Les dangers qui menacent l'Amérique, — écrivait, il y a quelques années à peine, dans une étude sur le caractère américain, le président Nicholas Murray Butler[2] — ... s'ils se produisent, viendront du dedans. Il se peut que le caractère anglo-saxon originaire, vieux maintenant de presque deux mille ans, perde de sa force. Sa capacité pour subjuguer et assimiler les éléments étrangers apportés par l'immigration pourrait être épuisée. Une génération oublieuse des principes fondamentaux dans lesquels la nation a été élevée pourrait, dans un moment de passion ou de colère, suivre un chef populaire, mais léger, sur un précipice politique... » Il fallait une crise violente pour que la masse de la population s'aperçût de ce danger. La guerre européenne allait être l'occasion qui devait le

1. *American ideals*, p. 62.
2. *The American as he is* (1908), p. 57.

VIALLATE.

faire se manifester au grand jour et permettre d'en juger l'importance.

Les Allemands estimaient que le fonds anglo-saxon avait déjà cédé, et que l'œuvre de germanisation, réalisée à l'insu des Américains eux-mêmes, était bien avancée déjà. Le *Deutschtum* revendiquait comme lui appartenant le quart de la population blanche de l'Union, environ 20 millions d'individus qui auraient du sang allemand. Pareille évaluation ne peut être que conjecturale. On estime que les descendants des émigrés allemands aux dix-septième et dix-huitième siècles seraient représentés aujourd'hui par 6 millions d'Américains, et ceux issus des émigrés au cours du dix-neuvième siècle par 2 millions. Le recensement de 1910 donnait comme nombre d'individus nés hors des États-Unis ou dont les deux parents ou l'un d'eux étaient d'origine étrangère, ayant pour langue maternelle l'allemand, le chiffre de 9 millions. On n'est pas loin, on le voit, du chiffre dont se font une arme les pangermanistes[1].

---

1. Plus modeste, le prince DE BÜLOW, dans son ouvrage *l'Allemagne impériale*, dit que 12 millions environ d'Allemands vivent aux États-Unis.

Dès le dix-huitième siècle, Franklin, devant l'importance que prenait l'immigration germanique jetait un cri d'alarme : « Dans les campagnes, écrivait-il, leurs enfants savent peu d'anglais... Ils ont un journal allemand et un semi-allemand. Les publications qui doivent être portées à la connaissance de tous sont maintenant imprimées en allemand et en anglais. Les écriteaux de nos rues ont leur inscription dans les deux langues, parfois en allemand seulement. Bref, si le fleuve de l'immigration ne se détourne pas d'ici vers d'autres colonies, ils nous submergeront bientôt sous le nombre, au point que tous nos privilèges ne suffiront pas à sauvegarder notre langue, et que notre souveraineté sera mise en péril. » Un siècle et demi plus tard, un Allemand, étudiant le *Deutschtum* aux États-Unis, estimait que les appréhensions de Franklin étaient justifiées : « La crainte qui était venue à Benjamin Franklin de voir l'Amérique se germaniser n'a pas été dénuée de raison; et si la vie américaine aujourd'hui a une autre physionomie que de son temps, cela doit s'attribuer d'abord à l'influence du germanisme. Ce n'est pas à l'Angleterre, mais au peuple allemand et au peuple américain, joints par les liens du sang, comme par de hautes et communes aspirations intellectuelles, que se trouve confié le progrès de la civilisation. Et les gardiens de cette amitié sacrée, ce sont les Allemands d'Amérique[1]. »

L'influence allemande sur l'instruction américaine, que revendique Julius Goebel, a été réelle, en particulier sur l'instruction supérieure. « L'introduction des méthodes allemandes et le culte des maîtres allemands dans le domaine de l'instruction supérieure, — dit le professeur James Mark Baldwin[2], — commencèrent à se manifester vers 1870. Ce culte atteignit son point culminant une quinzaine d'années plus tard, vers 1886... Presque toute la génération actuelle des Américains instruits et des professeurs ayant un grade universitaire ont passé par l'apprentissage d'une université allemande. » Mais M. Baldwin ajoute : « Dans les quinze dernières années, cependant, les choses avaient changé. Le courant avait tourné... Les Universités américaines ont déclaré leur

---

1. Julius Goebel, *Das Deutschtum in den Vereinigten Staaten*; 1904; cité par Ch. Andler : *le Pangermanisme, ses plans d'expansion allemande dans le monde*, p. 36.

2. *American neutrality, its cause and cure*, 1916, p. 58.

indépendance et elles offrent maintenant aux étudiants des facilités égales à celles des autres pays... Il s'est ainsi développé, en Amérique, un ensemble de critiques des méthodes et des buts de l'éducation allemande, qui a fortement atteint le prestige des titres universitaires allemands. »

Si les immigrés allemands ont influé sur la vie américaine, les Américains et les Allemands mêmes considéraient cependant que c'était bien plutôt cette vie qui les avait pénétrés, et qu'ils s'étaient profondément américanisés. Les Américains les regardaient avec faveur ; ils appréciaient leur apport dans l'œuvre commune pour le développement du pays. « En Amérique, les immigrants allemands ont toujours été bien vus, — nous dit le professeur américain Archibald Cary Coolidge. — Ils s'y sont montrés honnêtes, travailleurs ; ils se sont occupés de leurs affaires, et ils ont constitué une bonne addition à la population partout où ils se sont établis. Une qualité qu'on a beaucoup appréciée en eux, c'est leur disposition à renoncer à leur ancien pays pour devenir des citoyens loyaux de leur nouvelle patrie. Ils ont joué un rôle estimable dans la guerre de Sécession, et ils se sont montrés prêts à soutenir leur pays adoptif

en toute circonstance, même s'il le faut contre
leur pays natal. Le peu d'intérêt qu'ils ont pris
à la vie politique a écarté une première cause
de prévention possible contre eux; en fait, le
sentiment général a toujours été bienveillant à
leur égard. D'autre part, il est surprenant que,
malgré leur grand nombre et leurs bonnes qua-
lités, ils aient eu si peu d'influence sur la formation de l'opinion publique américaine, et, en
particulier, sur son attitude envers leur ancien
pays... La fidélité des Américains allemands à
leur pays adoptif est si forte que, de l'avis d'obser-
vateurs compétents, une guerre entre ce pays et
leur ancienne patrie leur apparaîtrait sans doute
comme une terrible calamité, mais elle les trouverait prêts à lutter pour l'Amérique plutôt que
pour l'Allemagne[1]. » Cette croyance, qui n'était
pas discutée par les Américains, n'était-elle pas
confirmée par le langage tenu par un Américain,
né en Allemagne, l'honorable Richard Guen-
ther, du Wisconsin, lorsque la discussion au
sujet de l'archipel de Samoa, en 1888, amena
un état de tension dangereux entre les États-
Unis et l'Allemagne? « Nous connaissons aussi

1. *Les États-Unis, puissance mondiale*; traduction française;
1908, p. 224, et p. 66.

bien que les autres citoyens américains de quel côté notre devoir nous appelle... Après que nous avons passé par le creuset de la naturalisation, nous ne sommes plus Allemands, nous sommes Américains... Nous combattrons pour l'Amérique, toujours et partout. L'Amérique contre l'Allemagne, l'Amérique contre le monde entier ; l'Amérique qu'elle ait tort ou raison ; l'Amérique toujours. Nous sommes Américains[1]. »

Ce jugement sur les Germano-Américains était ratifié par Allemands eux-mêmes. Paul Rohrbach écrivait en 1912 : « Les Allemands qui sont allés en Amérique... sont irrémédiablement perdus pour l'idée allemande, parce que la grande majorité d'entre eux étaient recrutés dans les classes inférieures, de très pauvre éducation... L'Allemagne n'a pas été heureuse avec ses enfants émigrés. Dans le sens le plus étroit du mot, elle a fertilisé avec eux le sol dans lequel s'est développé l'arbre gigantesque de l'Amérique anglo-saxonne, transporté d'Angleterre[2]. » Et l'éditeur du *New-Yorker Staatszeitung*, H. Ridder, parlant de la presse alle-

---

1. Cité par Th. Roosevelt, *American ideals*, p. 73.
2. *Der deutsche Gedanke in der Welt* (1912).

mande en Amérique, déclarait : « Les journaux allemands publiés ici en allemand ne sont pas des journaux allemands, mais des journaux américains qui s'expriment en allemand. Ils soutiennent les intérêts américains, tout comme les journaux de langue anglaise. Ils forment les Allemands nouveaux venus à être de bons et fidèles citoyens américains [1]. » « L'américanisme allemand, — disait vers la même époque un écrivain allemand, — n'a qu'un présent, il n'a pas d'avenir [2]. »

L'Allemagne, cependant, à l'automne de 1914, appelait avec confiance ses enfants émigrés à son aide pour créer aux États-Unis un mouvement d'opinion favorable à sa cause, et contraindre le gouvernement américain à agir, derrière le manteau de la neutralité, de façon bienveillante pour elle.

1. Cité par Léon Cahen, « l'Allemagne aux États-Unis », *Revue de Paris*, 1ᵉʳ juin 1915.
2. Polenz : *Das Land der Zukunft* ; cité par A. C. Coolidge, *op. cit.*, p. 66.

CHAPITRE II

LA CAMPAGNE ALLEMANDE ET LA GUERRE SOUS-MARINE. — LA PROSPÉRITÉ ÉCONOMIQUE

L'Allemagne s'était, pendant de longues années, désintéressée du sort de ses enfants, qui avaient abandonné le pays natal pour aller vivre sous le drapeau étoilé. Les uns s'étaient expatriés, ceux des générations de 1848 en particulier, parce qu'ils désespéraient de voir fleurir dans leur patrie les idées libérales qu'ils chérissaient ; les autres, en nombre important, plus tard, avaient fui la lourde charge des obligations militaires ; la masse était venue chercher dans le Nouveau-Monde un bien-être matériel qu'elle ne pouvait acquérir en Germanie. Dans les quinze dernières années, cependant, le gouvernement allemand avait changé d'attitude à leur égard. « Lorsque, — nous dit un homme, Emil Witte, qui a travaillé pendant dix ans à l'ambassade allemande à Washington, de 1898 à 1907, comme attaché pour la presse, — au lendemain de la guerre d'Espagne, un vif sentiment contre l'Allemagne se manifesta aux États-Unis, les politiciens germano-américains et les professeurs allemands dans les Universités attirèrent l'attention de l'ambassadeur von Holleben sur le fait que l'on pourrait influencer le président Mac Kinley et son administration, et l'amener à adopter une politique amicale envers l'Allemagne et hostile à l'Angleterre en se servant des millions d'électeurs germano-américains[1]. » L'ambassadeur se proposa donc de développer et de coordonner les sociétés locales créées par les Allemands d'Amérique, qui ne jouaient et n'avaient ambitionné jusqu'alors aucun rôle politique.

En avril 1899, « l'Alliance centrale germano-américaine de Pensylvanie » était fondée : la Pensylvanie est le berceau historique de la

---

1. Voir les extraits de l'ouvrage de Emil Witte, publié à Leipzig en 1907, donnés par Fabricius : « Germany's policy towards the United-States », *Fortnightly Review*, janvier 1915.

colonisation allemande aux États-Unis. L'Alliance voulait « donner l'impulsion à l'idée de la consolidation de l'élément germano-américain ». Deux ans et demi après, en 1901, le 6 octobre, jour anniversaire de la fondation de Germanstown, qui, depuis 1883, est célébré par les Allemands des États-Unis comme le *Deutscher Tag*, se tenait la première assemblée générale de « l'Alliance nationale germano-américaine des États-Unis ». Cette société se donnait comme but « d'éveiller et d'accroître le sens de l'union parmi la population d'origine allemande établie aux États-Unis, dans le but de faciliter le développement utile et sain de la puissance qu'ils possèdent dans leur possibilité de groupement, pour la protection mutuelle énergique des intérêts et des désirs légitimes qui ne sont pas incompatibles avec le bien du pays et les droits et devoirs de bons citoyens ; de s'opposer aux obstacles qui pourraient s'élever de la différence d'origine ; et de conserver et sauvegarder les bonnes et amicales relations entre l'Amérique et la vieille mère-patrie allemande ». Récemment, le président actuel de l'Association, président depuis son origine, le docteur Hexamer, un Américain d'origine allemande, définissait ainsi le but poursuivi : « Le développement de la culture allemande aux États-Unis, particulièrement de la langue allemande, de l'esprit allemand et des coutumes allemandes [1]. »

L'Alliance subventionne une École normale allemande, un grand nombre d'écoles privées ; elle a un organe, les *Germano-american Annals*, et elle a institué des comités partout où il y a un groupe de Germano-Américains. Elle est le centre de tout un ensemble de sociétés locales, à l'éclosion ou au développement desquelles elle a puissamment aidé, et dont elle s'efforce de diriger l'action : sociétés religieuses, de chant, d'épargne, d'études, etc. Cette œuvre a donné aux groupes germano-américains une cohésion dont ils ne paraissaient guère se soucier jusque-là. A côté d'elle, s'est développée une presse allemande, qui compte aujourd'hui plus de 1.200 journaux quotidiens ou hebdomadaires, dont une centaine sont importants, et quelques-uns, comme la *New-Yorker Staatszeitung*, qui remonte à 1834, l'*Illinois Staatszeitung*, de Chicago, jouissent d'une grande influence.

1. FREDERIC WILLIAM WILE : *The German-American plot*, p. 41.

Jusqu'à la guerre actuelle, cependant, le vote germano-américain n'avait soulevé aucune difficulté. Ce vote se partageait entre l'un et l'autre parti, suivant les affinités individuelles des électeurs ; il n'avait jamais donné lieu à un grief de politique de nationalité. En général, la majorité de ces voix allait au parti républicain.

Lorsque le gouvernement allemand, pour faire échec au mouvement de sympathie qui se manifestait en faveur des Alliés, décida d'appeler à son aide les Germano-Américains, il pensa qu'il n'aurait qu'à mobiliser des forces dont le groupement était déjà réalisé. Et ne pourrait-on, par une argumentation spécieuse, faciliter à ces citoyens américains d'origine germanique la conciliation de leurs sentiments de reconnaissance envers l'ancienne mère-patrie et de leurs devoirs envers leur patrie d'adoption ? Il ne s'agissait pas d'entraîner celle-ci dans la lutte : il suffisait d'obtenir d'elle une neutralité sympathique à l'Allemagne, d'empêcher le gouvernement américain, dans l'application de sa politique de neutralité, si vigoureusement défendue par le Président, de venir, par une interprétation trop large des règles si élastiques du droit des gens, en aide à l'Angleterre. Pour diriger l'agitation, le gouvernement allemand comptait sur un élément qui était vraiment entre ses mains : les immigrés de fraîche date, non encore naturalisés, dont un grand nombre étaient des réservistes de l'armée allemande, que la maîtrise de la mer, assurée par l'Angleterre dès le début des hostilités, avait empêchés de rallier leur drapeau. D'après le *Census* de 1910, les individus mâles nés en Allemagne, âgés de plus de 21 ans, et non naturalisés, étaient au nombre d'environ 400.000 : beaucoup, sans doute, étaient des réfractaires, mais, suivant M. Dernburg, « plus de 200.000 hommes seraient allés grossir les armées d'Allemagne et d'Autriche, hommes qu'on a injustement retenus ici [1] ». Les États-Unis étaient bien, suivant l'heureuse expression d'un écrivain américain, « une extension des camps de prisonniers des Alliés [2] ». Les Allemands espéraient, en outre, obtenir pour leur propagande le concours des Irlandais irréconciliables, qui seraient heureux de créer des difficultés à l'Angleterre, et des juifs russes, hos-

1. Lettre au *New-York Times*, 23 mars 1915 ; reproduite par GABRIEL ALPHAUD, *l'Action allemande aux États-Unis* ; pièce n° 8, p. 467.
2. JAMES MARK BALDWIN : *American neutrality*, p. 108.

tiles au gouvernement du Tsar, qu'ils ont fui.

Les pangermanistes estimaient à 5 millions et demi le nombre des votes dont ils pourraient disposer : le tiers de l'électorat présidentiel, qui, groupés, feraient pencher la balance à leur gré en faveur du parti qui voudrait bien donner des gages. Ce chiffre était fort exagéré. A la dernière élection nationale, qui avait eu lieu en 1912, sur 15 millions de votes, on estimait que 500.000 avaient été déposés par des citoyens naturalisés de naissance allemande, et 1 million et demi par des citoyens d'origine allemande nés aux États-Unis [1]. En réalité, « le vote allemand est formidable dans quelques États — Illinois, Wisconsin, Ohio, New-York, — où les Germano-Américains sont plus particulièrement groupés, mais dans la nation, considérée dans son ensemble, il est important, il n'est pas dangereux [2] ».

Et d'abord, le gouvernement allemand veut ménager les susceptibilités des Américains, et enlever à ses adversaires un argument qui pourrait devenir entre leurs mains une arme dangereuse. A peine de retour à Washington, venant de Berlin, où la déclaration de guerre l'a surpris,

1. G. HARVEY, *North American Review*, mars 1915, p. 327.
2. JAMES MARK BALDWIN, *American neutrality*, p. 100.

l'ambassadeur d'Allemagne, comte Bernstorff, adresse au Secrétaire d'État une note, qui n'avait été nullement sollicitée, dans laquelle il dit que : « il a mission de son gouvernement de nier avec la plus grande force les rumeurs qui prétendent que l'Allemagne entend, si elle sort victorieuse de la guerre, chercher une expansion dans l'Amérique du Sud ». Le gouvernement américain avait jugé inutile de publier cette note. Il ne le fit que lorsque M. Dernburg, ancien ministre des Colonies, venu avec l'ambassadeur, crut nécessaire de répéter publiquement cet engagement, en étendant les assurances données aux Américains : « Si le gouvernement des États-Unis désire des assurances qu'en cas de victoire l'Allemagne ne cherchera pas d'expansion ou de colonisation dans l'Amérique du Nord, y compris le Canada, et aussi dans l'Amérique du Sud, l'Allemagne est prête à donner ces assurances. Elle n'a pas la moindre intention de violer en tout ou en partie la doctrine de Monroe ». Et il ajoute que l'Allemagne ne voudra tirer aucune conséquence de l'attitude belliqueuse du Canada, mais il indique aux Américains que « le Canada, en prenant part dans cette lutte, a ouvert de nouvelles perspectives.

C'est une atteinte volontaire à la doctrine de Monroe, de la part d'une colonie autonome, de s'engager ainsi dans la guerre ; elle expose par là le continent américain à une contre-attaque venant d'Europe si elle met en danger l'équilibre existant[1] ».

Puis, devant la constatation du *Washington Times*, dès les premiers jours d'août, que « c'est un fait d'observation commune que, dans sa généralité, l'opinion publique de ce pays est favorable à la Triple-Entente ; que, parmi les fonctionnaires et hommes publics à Washington, qui ne peuvent confesser publiquement leur sympathie, le sentiment se montre très fort contre les prétentions de l'Allemagne », le Chancelier fait appel aux sentiments d'équité des Américains. La presse des États-Unis n'est renseignée que par les puissances de l'Entente ; comment pourrait-elle connaître la vérité et émettre un jugement impartial ? Bientôt même, la presse américaine de langue anglaise est accusée de cacher sciemment la vérité à ses lecteurs et de leur refuser systématiquement les moyens de se faire une opinion raisonnée. Mais,

---

1. Albert Bushnell Hart : *The Monroe doctrine, an interpretation*, 1916, p. 280.

alors, la réponse vient avec la plus grande netteté : « Le déluge de littérature pro-allemande continue, — écrit la *Nation* (15 octobre 1915), — soutenant toujours que l'Allemagne ne peut plaider sa cause dans la presse américaine. En ceci, nos amis allemands se trompent. Leur cause, telle qu'ils la voient, a été entièrement et fidèlement présentée au public américain. Sauf quelques rares et bien peu importantes exceptions, les journaux de ce pays ont libéralement ouvert leurs colonnes à ceux de leurs lecteurs partisans de l'Allemagne et à des avocats, tels que le docteur Dernburg, les professeurs Münsterberg, Sloane, Burgess, Kulmermann... La circulation de la presse allemande s'est considérablement accrue ici et à Chicago. L'ambassadeur d'Allemagne a exposé pleinement, dans *The Independent* et ailleurs, ses vues sur la situation. Assurément, aucun homme équitable ne peut dire que l'attitude actuelle de la population américaine est faite d'ignorance, ou est le résultat d'une tromperie dont elle serait victime. » Le doyen et président de l'Université de Miami (Ohio), écrit au secrétaire de la Ligue universitaire allemande de New-York : « Toutes les nouvelles et tous les documents que l'Allemagne veut communiquer au monde atteignent nos rivages... Les Américains ne sont pas ignorants de la situation ; ils sont probablement, au contraire, le peuple le mieux informé du monde entier et le plus capable d'apprécier tous les côtés de la controverse. » Aussi bien, fait sans précédent, le *Times* de New-York a donné intégralement dans ses colonnes, dès leur apparition, les *Livres blancs* anglais et allemand ; il a fait de même pour le *Livre orange* russe. Pour augmenter la circulation de ces documents, il les a réimprimés dans un fascicule à 10 cents et la « Society for international conciliation » a joint, dans le même but, ses efforts aux siens[1]. Le même journal publiait (26 décembre 1914) une longue étude, que M. Dernburg répandit ensuite sous forme de brochure, présentant « la défense complète du point de vue allemand dans la présente guerre[2] ».

Lorsque parvint aux États-Unis « l'Appel au monde civilisé », signé par 93 savants allemands, la *Nation*[3] fit cette mélancolique ré-

1. A. MAURICE LOW : « American affairs », *The National Review*, novembre 1914.
2. La traduction en est donnée par GABRIEL ALPHAUD : *l'Action allemande aux États-Unis* ; pièce n° 7 ; p. 433.
3. 29 octobre 1914.

flexion : « A tous ceux qui sont sans parti pris, il est évident que l'Allemagne a gravement souffert, depuis le début de la guerre, dans sa réputation comme un siège de la sagesse et le sanctuaire de la recherche de la vérité dans toutes les questions. C'est une constatation affligeante pour ceux qui ont profité de sa science et de l'enseignement de ses grands professeurs. Mais ce sont précisément les professeurs allemands d'aujourd'hui qui produisent l'impression la plus déplaisante de ce côté-ci de l'Océan, par leurs efforts pour gagner à leur cause l'opinion américaine. »

Le mouvement de sympathie pour les Alliés, qui allait croissant, engageait l'Allemagne à exercer au plus vite son influence sur les Germano-Américains, pour tenter de l'enrayer. Une autre cause vint accroître son exaspération : le développement considérable que prenaient les exportations américaines à destination de ses adversaires. Le danger qu'elle redoutait se montrait plus grand qu'elle ne l'avait prévu.

Pour comprendre la vigueur que donnera l'Allemagne à sa campagne contre les Alliés aux États-Unis, il faut entrer un peu avant dans l'étude, pendant cette période, des rapports commerciaux et financiers entre ces derniers.

*
* *

L'année 1915 marquera, dans l'histoire économique des États-Unis, une date importante, par le développement extraordinaire du chiffre de leur commerce extérieur et l'essor soudain pris par l'exportation des articles manufacturés. Le chiffre total du commerce extérieur des États-Unis avait atteint, en 1913, le chiffre de 4.274 millions de dollars, le maximum jusqu'à cette date : en 1915, il a sauté brusquement à 5.322 millions, et pour le premier semestre seulement de 1916, il a été de 3.765 millions. Un changement notable s'est produit dans la nature des articles importés : il y a eu, plus particulièrement en 1915, une diminution importante des articles partiellement ou entièrement manufacturés, compensée par un accroissement portant sur les matières premières et les produits alimentaires. Le fait correspondant s'est manifesté dans la nature des exportations, où, en raison des entraves auxquelles s'est heurtée l'exportation du coton, une baisse importante s'est produite sur les matières premières. L'exportation des produits alimentaires a été fort accrue, mais l'augmentation la plus importante, et la plus intéressante comme phénomène, a porté sur les articles manufacturés[1]. Dû pour une large part à l'accroissement des quantités exportées, le brusque saut du chiffre des exportations est également

[1]. En millions de dollars :

IMPORTATIONS	1913	1914	1915
Matières premières pour l'industrie.	605	598	695
Produits alimentaires, bruts ou fabriqués.	419	492	516
Articles partiellement ou entièrement manufacturés	753	682	553
Divers.	15	17	13
Total.	1.792	1.789	1.777
EXPORTATIONS			
Matières premières pour l'industrie.	768	490	566
Produits alimentaires, bruts ou fabriqués.	494	584	1.012
Articles partiellement manufacturés.	396	345	468
Articles fabriqués prêts à être consommés.	781	629	1.315
Divers.	8	22	123
Total.	2.447	2.070	3.484
Réexportation des produits étrangers.	35	42	61
Total général.	2.482	2.112	3.545
Importations et exportations réunies.	4.274	3.901	5.322

Pour le 1ᵉʳ semestre de 1916 :
Les importations ont été de . . . . 1.285 millions de dollars
Les exportations ont été de . . . . 2.480 — —
Importations et exportations réunies. 3.765 — —

en partie la conséquence d'un important relèvement des prix : le prix moyen du blé exporté a passé de $ 1.08 le bushel, pour 1914, à $ 1.40 pour 1915 ; celui de la farine de froment, de $ 4.89 à $ 6.30 ; l'acier en lingots s'élève de $ 20.80 la tonne en décembre 1914, à $ 34.23 en décembre 1915, avec un prix moyen de $ 24.60 pour 1915 ; le prix moyen des chaussures d'hommes, de $ 1.67 la paire en 1914, s'élève à $ 2.27 en 1915.

La seule comparaison de la valeur de certains des articles manufacturés, exportés en 1915 et pendant le premier semestre de 1916, rappelle aussitôt le caractère anormal de ces deux dernières années :

EXPORTATIONS	1913	1915	1916 (1ᵉʳ semestre)
	(milliers de dollars)		
Explosifs	5.525	181.778	312.514
Armes à feu	3.920	12.166	11.666
Machines-outils et outils à travailler le fer . .	15.558	42.037	39.366
Articles en fer, acier, cuivre, zinc, plomb, aluminium, étain . .	429.977	558.076	596.511
Cuirs, articles en cuir (souliers, harnais, etc.)	59.994	156.116	72.290
Wagons et voitures . .	58.461	145.537	88.223
Total . . .	573.435	1.095.710	1.120.570

En 1913, ces produits formaient 48,6 p. 100 des articles manufacturés exportés ; en 1915, ils en formaient 61,3 p. 100[1].

Non moins intéressante est la comparaison des exportations suivant les puissances destinataires :

EXPORTATION VERS	1913	1915	1915 (1ᵉʳ semestre)
		(milliers de dollars)	
Groupe des Empires germaniques[2]	376,3	11,8	0,1
Groupe des neutres limitrophes des Empires germaniques[3]	162	353,5	138,3
Groupe des puissances alliées[4]	850	2.134	1.892,4

La totalité des excédents d'exportation a été

---

1. La comparaison des trois autres articles n'est pas moins suggestive :

EXPORTATIONS	1913	1915	1916 (1ᵉʳ semestre)
		(milliers de dollars)	
Céréales et farines	203.391	527.882	236.912
Chevaux	4.218	94.827	27.085
Mulets	797	23.826	10.521

2. Allemagne, Autriche-Hongrie, Bulgarie, Turquie d'Europe.
3. Danemark, Norvège, Suède, Hollande, Suisse.
4. Royaume-Uni (y compris Gibraltar et Malte), France, Italie, Russie d'Europe et d'Asie.

absorbée par le groupe des puissances alliées. Les exportations vers celui des Empires germaniques ont été, depuis le début de la guerre, complètement arrêtées. Ces États ont cependant pu recevoir, au cours de 1915, malgré le blocus, par l'intermédiaire des neutres limitrophes, une proportion que l'on peut estimer, en valeur, c'est-à-dire beaucoup plus faible en quantité, au tiers, peut-être un peu plus, des articles qu'ils demandaient en temps normal aux États-Unis. Le resserrement du blocus, les mesures de précaution accrues prises par les Alliés pour diminuer les évasions possibles grâce à l'intermédiaire de ces neutres, ont encore réduit fortement, en 1916, cette source d'approvisionnement pour leurs adversaires.

Les exportations américaines, qui étaient tombées, en août 1914, au chiffre minimum de 110 millions, se sont relevées, lentement d'abord, pour atteindre 200 millions en novembre, puis un chiffre voisin de 300 millions en février, mars et avril 1915 : ce sont d'abord les céréales, puis le coton qui forment les éléments principaux de la reprise. De mai à août, un fléchissement se produit : en août 1915, on est revenu à 261 millions. Sans doute, l'exportation des articles manufacturés commandés par les Alliés a déjà commencé, mais, de même que les industries française, anglaise, russe, l'industrie américaine a eu un grand travail d'organisation à faire pour s'outiller pour la fabrication intensive des articles spéciaux qui lui sont demandés, et ce n'est qu'à partir de septembre 1915 que l'on voit se produire nettement l'effet de ces commandes : pour ce mois, le chiffre des exportations atteint 300 millions ; en décembre, il est de 359 millions ; en février 1916, il dépasse 400 millions ; depuis, il a toujours été supérieur.

L'excédent des exportations sur les importations de marchandises a été, pour 1915, de 1.775 millions de dollars : plus du triple de l'excédent de la période triennale précédente, et, pour le premier semestre de 1916, augmentant encore, il s'est élevé à 1.195 millions [1].

La situation financière des États-Unis à

1. Excédent des exportations sur les importations : moyennes annuelles triennales (millions de dollars) :

1906-1908	538
1909-1911	340
1912-1914	532
1915	1.768
1916 (1ᵉʳ semestre)	1.195

l'égard de l'Europe s'est trouvée renversée : ils étaient, de façon normale, ses débiteurs. Sir Georges Paish estimait, en 1910, que les États-Unis devaient pourvoir annuellement au paiement, aux pays d'Europe, en périodes ordinaires, d'une somme d'environ 600 millions de dollars [1]. Presque soudainement, ils sont devenus ses créanciers.

Le règlement de la balance financière, se soldant en faveur des États-Unis, allait créer un grave problème financier aux puissances alliées. L'aide indirecte reçue d'eux, par ces envois extraordinaires de produits alimentaires et surtout d'articles manufacturés, avait été considérable ; il fallait payer ces formidables importations. Les puissances alliées avaient reçu des

---

1. Sir George Paish décomposait cette somme comme suit :

Intérêts dus aux capitaux étrangers placés aux États-Unis	250 millions
Excédent des dépenses des touristes américains en Europe sur celles des voyageurs étrangers aux États-Unis	170 —
Remises des citoyens ou résidents américains nés en Europe, à leurs parents restés au pays natal	150 —
Frê pour les transports maritimes . . .	25 —
	595 millions

États-Unis, en 1915 et pendant le premier semestre de 1916, pour 4.026 millions de dollars de marchandises, et elles ne leur en avaient envoyé que pour 655 millions ; la différence en faveur des États-Unis dépassait 3 milliards un quart. Comme, d'autre part, les touristes américains, depuis l'automne de 1914, ne sont pas venus en Europe, et qu'une part plus importante du fret payé par les États-Unis est allée à des pays neutres, 200 à 300 millions de dollars ont, de ce chef, fait défaut aux Alliés pour compenser leurs dettes. Cette situation anormale a causé aux adversaires de l'Allemagne de sérieuses anxiétés ; l'Angleterre et la France ont dû recourir à des moyens extraordinaires pour faire face à ces difficultés, mais, par une conséquence naturelle, l'importance même des intérêts en jeu a amené les Américains à prêter à ces puissances un appui financier qui devait accroître encore la colère des Allemands.

Les changes ont nettement reflété cette situation. Dans la période troublée du second semestre de 1914, pour régler les dettes exigibles qu'ils avaient en Angleterre et en France, les États-Unis avaient dû recourir à d'importantes exportations d'or : celles-ci s'étaient élevées à plus de 70 millions et demi, du début de la guerre à la fin de novembre. A ce moment, le change sur Londres était revenu aux environs de son cours normal : le chèque oscillait entre 4,86 et 4,90. Il ne s'y maintint que peu de temps. Au cours du trimestre de novembre à janvier, les oscillations furent cependant modérées. Le remboursement par les États-Unis de leur dette flottante était facilité par la fin du moratoire en Angleterre. Mais, dès février, les influences nouvelles se faisaient sentir, et, dans les quatre mois suivants, le Londres à vue oscille entre 4,78 et 4,80 ; puis, en juin et juillet, entre 4,75 3/4 et 4,77 1/8. Les importations d'or ont succédé aux exportations : pour le premier trimestre de 1915, l'excédent des importations est de 42 millions et demi, et, pour le second, elles atteignent près de 95 millions.

Pendant le troisième trimestre de 1915, les changes passent par une crise aussi violente que celle de l'été 1914, mais en sens inverse. Le 16 août, la livre st. est à 4,64 ; au 1er septembre, elle tombe à 4,50, le minimum où elle devait atteindre. Après un relèvement éphémère à 4,73, le 17 septembre, elle retombe de nouveau, et, le 27 octobre, elle est à 4,60 1/2. Pendant ces trois mois, l'excédent des importations d'or a atteint 177 millions : en juillet, il n'avait été que de 15 millions. Dans les deux derniers mois de 1915, les importations continuent et dépassent 90 millions. Pour l'année 1915, l'excédent des importations a été de 420 millions. De janvier à avril 1916, elles cessent ; mais elles reprennent en mai, et, pour ce mois et le suivant, elles se sont élevées à 150 millions. Depuis novembre, le change sur Londres se relève : fin décembre, la livre st. cote 4,74 ; à la fin de janvier 1916, elle s'est relevée à 4,76 et elle s'est depuis lors maintenue aux environs de ce chiffre, devenu, par suite de l'augmentation des frais de transport et des primes d'assurance, le *War par*.

La vente des valeurs américaines possédées par les pays débiteurs était un des moyens les plus faciles pour régler leurs dettes, et conjointement avec les exportations d'or, elle devait aider à maintenir les changes. Ces ventes, au cours du premier semestre en 1915, pour le compte de l'Angleterre et de la France, furent importantes. Pour l'Angleterre seule, on les évaluait à près d'un demi-milliard de dollars[1].

1. *The Economist*, 17 juillet 1915.

Un autre moyen s'offrait à ces pays pour franchir cette période troublée et attendre le moment où, au retour de la paix, leur vie économique, momentanément déséquilibrée, reprendrait une allure plus normale. Il s'agissait d'obtenir l'ouverture de crédits aux États-Unis, et de pouvoir ainsi différer le paiement des achats extraordinaires que les circonstances rendaient indispensables.

Dès le début de la guerre, le gouvernement français, prévoyant les lourdes charges financières auxquelles il aurait à faire face, engageait des pourparlers avec des banquiers américains pour un important emprunt : il s'agissait, dit-on, de 100 millions de dollars. Consulté, le Secrétaire d'État, M. Bryan, émettait un avis défavorable : « Suivant l'opinion du gouvernement, des prêts consentis par les banquiers américains à l'une des nations belligérantes seraient en contradiction avec le véritable esprit de neutralité. » Il fallut se contenter de crédits de courte durée, ouverts expressément pour payer les produits achetés aux États-Unis mêmes. Un avis de Washington (24 octobre 1914) dit, à ce sujet, que l'administration regardait ces crédits comme des « transactions privées et ne tenterait aucunement d'user de son influence pour les entraver. »

Au mois d'août 1915, on estimait qu'il avait été ouvert des crédits de cette nature pour une centaine de millions de dollars au gouvernement français, pour 25 millions au gouvernement russe [1].

Les ventes de valeurs et les ouvertures de crédits se montrèrent insuffisantes : la crise des changes qui éclata au mois d'août en fut la preuve. La situation demandait l'adoption de mesures énergiques, d'autant plus que l'on prévoyait, dans les mois qui allaient suivre et vraisemblablement pour une longue période, un accroissement important des exportations américaines à destination des pays alliés. Les industriels et les commerçants américains désiraient voir ramener quelque stabilité dans les changes, dont les mouvements erratiques mettaient dans leurs opérations un dangereux élément de spéculation. Les milieux financiers appréhendaient la reprise d'importations d'or accrues : un trop grand afflux pouvait avoir des effets dangereux

---

1. On estimait qu'il en avait été ouvert pour une dizaine de millions au gouvernement allemand.

sur les prix et la spéculation[1]. On se décida pour un grand emprunt. Au début de septembre, une commission anglo-française arrivait à New-York pour le négocier. Malgré l'opposition de l'élément germano-américain, l'entente fut conclue. L'intérêt national faisait taire les objections tirées de la politique de stricte neutralité. « Cet emprunt, — disait M. Henry P. Davison, de la maison J. P. Morgan et Cie, — peut être en réalité considéré comme un arrangement fait par les intérêts agricoles et commerciaux américains avec leurs clients ordinaires, en vue d'accepter le paiement différé des produits achetés par eux [2]. » Sous peine de tarir une source de profits considérables, il fallait venir en aide aux Alliés. Ces raisons l'emportèrent, et, en octobre, un syndicat de banquiers américains représentant toutes les sections de l'Union, et comprenant même des maisons germano-américaines, pre-

---

1. Évaluation du stock d'or des États-Unis, d'après le département du Trésor.

1er août 1914	1.887	millions de dollars.
2 janvier 1915	1.805	—
2 août 1915	2.009	—
1er avril 1916	2.319	—
1er septembre 1916 . .	2.548	—

2. *The Chronicle*, 2 octobre 1915.

naît un emprunt anglo-français de 500 millions de dollars [1].

Les crédits privés venaient, dès novembre, renforcer cet emprunt : un crédit de 15 millions aux intérêts industriels et commerciaux français, garanti par des obligations de chemins de fer américains ; et un crédit de 50 millions aux huit grandes banques londoniennes, garanti par le dépôt à la Banque d'Angleterre de 11 millions de livres st. de rente anglaise.

La prolongation de la guerre et les besoins toujours considérables des Alliés ont rendu nécessaire de préparer d'autres opérations de crédit aux États-Unis. La base devait en être les valeurs américaines et d'autres pays neutres possédées en Angleterre et en France : c'était la ressource suprême. Déjà, le gouvernement français avait acheté certaines de ces valeurs à ses nationaux, et s'en était servi pour se faire ouvrir un crédit. C'est ce procédé que l'on a généralisé : en Angleterre d'abord, en France

[1]. Cet emprunt, garanti solidairement par l'Angleterre et la France, a été constitué par une émission d'obligations 5 %, cédées au syndicat à 96 et vendues au public à 98, remboursables au bout de cinq ans, ou convertibles, à cette date, en obligations 4 1/2 %, remboursables après 15 ans au gré des emprunteurs, ou obligatoirement après 25 ans.

ensuite, on a « mobilisé » ces valeurs. Le gouvernement a demandé aux propriétaires de les lui vendre ou de les lui prêter, en lui donnant dans ce cas un droit éventuel d'achat : il aura ainsi le moyen de se faire ouvrir de nouveaux crédits, au fur et à mesure de ses besoins. Les financiers américains voient favorablement une opération qui protégera leur marché contre la perturbation qu'aurait causée la vente trop rapide de ces valeurs. La guerre terminée, des emprunts de consolidation qui, pour une part importante, se feront aux États-Unis mêmes, permettront de liquider ces crédits temporaires et de dégager les valeurs américaines, dont une forte proportion pourra ainsi rester en Europe.

Il serait intéressant de pouvoir évaluer le montant des valeurs américaines existant dans les portefeuilles des capitalistes européens. Malheureusement, il est impossible de le faire avec quelque précision. En 1908, Sir George Paish avait donné le chiffre de 6 milliards de dollars : ce chiffre semble exagéré. Des recherches faites par M. L. F. Loree, président du chemin de fer Delaware-Hudson, l'ont amené à conclure que, à la fin de 1914, les valeurs de chemins de fer américains possédées par des étrangers représentaient (valeur au pair) environ 2.700 millions de dollars, et l'on estime que les valeurs industrielles et les valeurs de municipalités ou d'États ne représentent que le quart du chiffre de celles de chemins de fer. Le montant des valeurs américaines, possédées en Europe au début de la guerre, se serait donc élevé entre 3 milliards et 4 milliards de dollars. De ces valeurs, l'Angleterre possédait plus de la moitié ; l'Allemagne et la Hollande venaient après elle, puis la France, qui n'en aurait eu que pour 300 à 400 millions[1].

En juillet et en août 1916, la France et l'Angleterre ont contracté, la première un emprunt de 100 millions de dollars, la seconde un emprunt de 250 millions de dollars, gagés l'un et l'autre par des valeurs américaines ou de pays neutres que les citoyens français et anglais ont vendues ou prêtées pour cet objet à leur gouvernement. Cette opération sera répétée s'il est nécessaire. A ces emprunts vient s'ajouter, pour des sommes importantes, l'ouverture de crédits particuliers par les banques américaines

1. Ces évaluations sont basées sur une étude entreprise sous l'autorité du « Federal reserve Board », *The Chronicle*, 13 mai 1916.

à leurs clients personnels ou à des groupes financiers. Au mois d'août 1916, on estimait que le montant des prêts faits par les Américains aux puissances alliées[1] dépassait 1 milliard et demi de dollars.

*
* *

Sans l'aide des États-Unis, disaient les Allemands dès 1915, nos adversaires ne pourraient soutenir la lutte contre nous. Voilà expliquée l'ardeur de l'Allemagne à se rendre sympathique l'opinion américaine ; puis, lorsque l'insuccès de sa propagande lui apparut, ses tentatives pour la violenter, en se servant comme d'une menace du vote germano-américain, et, finalement, devant son échec, le recours à des mesures criminelles, dans un pays où ses émigrants ont été accueillis avec un si grand empressement.

Aussitôt que le gouvernement allemand se rendit compte des résultats qu'allait avoir l'entrée en scène de la flotte anglaise, en permettant à ses adversaires de conserver avec l'Amérique

1. Des crédits ont été également ouverts à la Russie.

des relations régulières qui allaient devenir impossibles pour lui, il s'inquiéta des moyens de les priver de ces avantages. L'ambassadeur d'Allemagne à Washington, comte Bernstorff, surpris dans son pays par la déclaration de guerre, rejoignait son poste le 24 août. En même temps que lui, arrivait, en qualité de représentant de la Croix-Rouge allemande, prétendait-il alors, M. Dernburg, ancien Secrétaire colonial. Un mois n'était pas écoulé que cette fiction était écartée. M. Dernburg se mettait à l'œuvre pour remplir la mission spéciale dont l'empereur l'avait chargé : il devait être le grand organisateur de la propagande allemande, dont son souverain attendait de si importants résultats. L'ancien secrétaire d'État est un homme d'affaires, de décision prompte, tenace dans l'exécution : le rôle qui lui était confié semblait parfaitement lui convenir. Le terrain où il allait opérer lui était connu : à ses débuts dans la vie active, il avait fait un assez long séjour aux États-Unis, pour s'initier à leurs pratiques commerciales et financières, et il y avait développé plus tard ses relations. Il eut tôt constitué un conseil pour l'éclairer et le seconder : les professeurs allemands Münsterberg et von Mach, membres du corps enseignant de l'Université Harvard; M. Hermann Ridder, rédacteur en chef de la *New-Yorker Staatszeitung*; le docteur Hexamer, président de la « National germano-american alliance », lui apportèrent un concours empressé. Un germano-américain, M. Richard Bartholdt, membre influent de la Chambre des représentants, où il siège pour la ville de Saint-Louis, une des forteresses de la colonie allemande, dirigea la propagande dans le monde politique.

Le contact fut rapidement pris avec les multiples sociétés qui groupent les germano-américains, et avec la presse de langue allemande. Pour assurer l'extension de la propagande dans des milieux que cette presse n'intéressait pas, auprès, notamment, des descendants d'Allemands, si nombreux, qui ignorent la langue de leurs pères, deux nouveaux journaux de langue anglaise furent créés : *The Fatherland* et *The Vital Issue*.

La presse fut alimentée d'articles composés sous la direction de M. Dernburg, souvent même écrits par lui. Les journaux de langue allemande furent subventionnés; quant à ceux de langue anglaise des villes moyennes, on exerça sur eux, dans les régions où dominent les groupements allemands, une pression à laquelle il leur fut souvent difficile de résister, par la menace de leur retirer les annonces qui constituent le plus clair de leurs profits. De nombreux conférenciers se répandirent sur le territoire de l'Union, pour faire entendre aux Américains la thèse allemande sur les origines de la guerre, et sur les conséquences qu'aurait pour les États-Unis et le monde entier la victoire des Alliés, si, par impossible, ils triomphaient des Empires centraux. Tous les moyens de propagande furent employés. Des sommes considérables ont été dépensées dans l'espoir de conquérir l'opinion publique américaine.

Le grand problème qui domine cette guerre, disait aux Américains M. Dernburg, chef du chœur, est aujourd'hui de « savoir si les Slaves domineront de la mer japonaise à Berlin, et encore plus à l'occident, ou si l'Allemagne, même en lutte avec ses voisins civilisés de l'Ouest, restera debout pour maintenir la civilisation européenne et la sauver de la domination du knout[1] ». Mais plus que ce problème,

---

1. *New York Sun*, 13 septembre 1914.

par trop européen, il y a une question qui intéresse directement les États-Unis : « La lutte entière a pour objet : d'un côté, la domination absolue des mers; de l'autre, le maintien de la mer libre, le traditionnel *mare liberum*. La mer libre définitivement assurée, c'est la disparition du danger de guerre et la fin des guerres mondiales [1]. — Le navalisme anglais est plus dangereux pour le monde que le militarisme allemand... L'existence d'une flotte allemande puissante et d'une Allemagne forte au centre de l'Europe est nécessaire comme frein à l'ambition anglaise [2]. » Et, pour exciter encore les appréhensions des Américains, les propagandistes allemands insistent sur l'alliance qu'a conclue l'Angleterre avec le Japon. En appelant cette puissance du monde jaune à participer à une lutte contre les blancs, les Alliés n'ont-ils pas créé une menace dangereuse pour la communauté blanche tout entière ? Au lendemain de la guerre, les États-Unis ne sont-ils pas exposés à voir le navalisme japonais, soutenu par les flottes anglaises, dominer dans le Pacifique ?

M. Dernburg et ses acolytes cherchent ha-

1. Au Republican Club, à New-York, 9 janvier 1915.
2. *New-York Sun*, 27 septembre 1914.

bilement, pour le but principal qu'ils poursuivent, des auxiliaires parmi les pacifistes, si nombreux aux États-Unis, en particulier dans les États de l'Ouest et dans les milieux féminins : « Les horreurs de cette guerre, qui vous émeuvent avec raison, les souffrances dont elle est cause, il est en votre pouvoir, — leur répètent les conférenciers et la presse allemande, — d'en abréger la durée : obtenez de votre gouvernement qu'il interdise l'envoi de munitions et de matériel de guerre aux Alliés. » Sous cette incitation, les pétitions dans ce sens affluent chez le Président, chez le Secrétaire d'État, au Congrès. Les Germano-Américains et les pacifistes se plaignent qu'en tolérant ces envois, le gouvernement viole la neutralité au détriment des Empires centraux. Le mouvement est si fort que le secrétaire d'État, M. Bryan, croit devoir adresser au président du comité des affaires étrangères du Sénat une lettre destinée à la publicité, dans laquelle il réfute ces plaintes et expose la position prise par le gouvernement : « Si des citoyens américains, partisans de l'Allemagne et de l'Autriche-Hongrie, croient que l'administration agit d'une façon préjudiciable à la cause de ces pays, ce sentiment résulte du fait que, sur la haute mer, la puissance navale de l'Allemagne et de l'Autriche-Hongrie est demeurée jusqu'ici inférieure à la puissance navale de l'Angleterre. C'est l'affaire des belligérants qui opèrent en haute mer, et non le devoir d'un neutre, d'empêcher la contrebande de parvenir à leurs adversaires... Si l'Allemagne et l'Autriche-Hongrie ne peuvent importer de la contrebande de guerre en provenance de notre pays, les États-Unis n'ont nullement le devoir, pour cette raison, de fermer leur marché aux Alliés. Notre marché est ouvert dans les mêmes conditions au monde entier, à toutes les nations: belligérantes ou neutres [1]. » La colère des Allemands fut grande, de se voir rappeler aussi nettement ces règles de la neutralité qu'ils prétendaient violées. « Le document qui porte la signature de M. Bryan, — déclara M. Hermann Ridder, — a été rédigé à Londres ou à l'ambassade anglaise à Washington »; et le *Deutsches Journal* disait avec amertume : « Personne ne peut lire cette lettre au sénateur Stone sans éprou-

---

1. Lettre du secrétaire d'État, William J. Bryan, 28 janvier 1915, à l'hon. William G. Stone, président du Comité des affaires étrangères du Sénat, *American Journal of international law*, avril 1915, pp. 443-456.

ver de la honte du rôle pitoyable que jouent les États-Unis dans cette guerre, et éprouver un sentiment de dégoût devant le mélange d'hypocrisie, d'insolence et de dérision montrée à l'Allemagne, et l'obséquiosité témoignée à l'Angleterre. » Ce fut le commencement de la lutte qui allait s'accentuer rapidement entre les Germano-Américains et les Américains tout court: « *Deutschland über alles*, — disait le *Sun*, de New-York, — est une admirable devise pour les sujets du Kaiser, mais nous conseillons à nos concitoyens d'origine allemande de substituer à cette devise celle de : *Amerika über alles*. »

Les pro-Allemands comprirent que, pour impressionner les politiciens, il fallait frapper un grand coup. Le 30 janvier 1915, un groupe de Germano-Américains se réunissaient à Washington sous la présidence du représentant Richard Bartholdt. Il s'agissait de fonder un nouveau parti politique. Le 20 janvier, ce parti était définitivement constitué sous le nom de « American independance Union ». Les deux principaux articles de son programme étaient : l'obtention de la mer libre pour le commerce des États-Unis, c'est-à-dire l'abrogation des restrictions imposées par les Alliés au commerce des marchandises non contrebande de guerre, et le vote immédiat d'une loi prohibant l'exportation des armes et des munitions de guerre, en vue d'assurer une politique strictement américaine. Pour donner une sanction à leurs revendications, les membres du parti s'engageaient à « ne soutenir que les candidats aux fonctions publiques, sans considération d'opinion politique, qui placeront les intérêts américains au-dessus de ceux de tout autre pays et qui s'engageront à éliminer toute influence étrangère excessive sur la vie américaine[1] ». L'élection présidentielle, qui revient tous les quatre ans, devait avoir lieu à l'automne de 1916; à la même époque, aurait lieu également le renouvellement de la Chambre des Représentants, qui se fait tous les deux ans. L'année de l'élection présidentielle est la grande année de lutte pour les partis politiques. En 1912, les démocrates avaient réussi, après une longue éclipse, à ressaisir le pouvoir : ils avaient fait élire leur candidat à la présidence, M. Woodrow Wilson, obtenu une importante majorité à la Chambre des représentants, et consolidé par des élections partielles

---

1. FREDERIC WILLIAM WILE : *The German-American plot*, p. 57.

heureuses leur majorité faible, mais suffisante, au Sénat. Leur victoire avait été regardée comme une véritable révolution pacifique. Les élections de 1916 seraient donc chaudement disputées : les républicains lutteraient âprement pour reconquérir le pouvoir. Les propagandistes allemands virent dans cette situation une chance inespérée : ils allaient pouvoir mettre aux enchères les votes des Germano-Américains. Ils se regardaient déjà comme les maîtres des élections puisque, affirmaient-ils, ces votes pouvaient faire pencher la balance en faveur de l'un ou de l'autre parti.

Mais ils avaient hâte d'obtenir l'embargo sur l'exportation des munitions et du matériel de guerre, et, malgré l'opposition publiquement déclarée du gouvernement à cette mesure, ils faisaient déposer un projet de loi en ce sens à la Chambre des Représentants. Celle-ci, cependant, ne s'empressa pas de le prendre en considération : il subit le sort commun, et alla sommeiller dans les archives d'une commission. Le gouvernement allemand jugea utile de seconder les efforts de ses amis : le 4 avril, il faisait remettre au Président une note sur la question de l'exportation des munitions. Le lendemain, un « Appel au peuple américain » de cesser la fabrication des munitions était publié, comme une annonce payée, dans toute la presse des États-Unis :

« La défense de millions de veuves, de mères, les appels des pères sans enfants et des orphelins, et les prières des milliers d'affamés en Europe, qui nous sont adressées, justifient, croyons-nous, cet appel au nom de l'humanité et de la justice.

« Nous faisons appel au peuple américain, à la courageuse presse américaine à l'âme élevée, aux fabricants américains de poudres, shrapnells et cartouches. Nous faisons appel aussi aux travailleurs employés à la fabrication des munitions utilisées par les nations en guerre, pour qu'ils cessent immédiatement la fabrication des poudres, shrapnells et cartouches destinés à détruire nos frères, à mettre en deuil nos sœurs et mères et à rendre orphelins leurs enfants, et à détruire aussi pour toujours les possessions sans prix transmises par nos ancêtres.

« Nous faisons un appel spécial aux fabricants américains et aux travailleurs engagés dans la fabrication de l'un quelconque de ces produits, pour suspendre tout de suite la fabrication des poudres, des obus, qui sont fabriqués dans le but inhumain et cruel de mutiler et de détruire l'humanité...

« Nous faisons un appel à vous et à chaque lecteur, pour nous aider à sauver nos frères à l'étranger d'une future destruction...

« Nous devons cesser l'entière fabrication des munitions en vue de bénéfices, mettant ainsi un terme à notre propre participation à la guerre. Alors, nous pourrons insister pour que l'Europe considère notre demande pour la paix. Arrêtez la fabrication des poudres, shrapnells et canons[1]. »

Cette démonstration n'eut aucune influence sur la réponse du Secrétaire d'État à la note allemande. « Je crois comprendre, — disait celui-ci (note du 21 avril), — que vous désirez une définition nette de la position de ce gouvernement quant à ses obligations en tant que puissance

1. On a estimé à 1/2 million de francs le coût de cette annonce qui, suivant M. Dernburg, aurait été payée « sous la forme de petites contributions, par notre peuple, qui agit dans un but d'humanité et de justice, et dans un désir patriotique de ne pas voir cette pacifique et bien-aimée nation devenir la cause directe ou indirecte de pertes futures de vies ou de la destruction de la propriété ». (*Le Temps*, 7 avril 1915.)

neutre... Je regrette de dire que le langage dont use Votre Excellence dans son memorandum est susceptible d'être interprété comme mettant en doute la bonne foi des États-Unis dans l'accomplissement de leurs devoirs de neutre... Ce gouvernement n'a jamais, en aucune manière, abandonné aucun de ses droits de neutre à aucun des belligérants. » Et le Secrétaire d'État concluait en déclarant que le gouvernement américain n'avait pas le droit d'intervenir dans la question de « la vente et de l'exportation des armes par les citoyens des États-Unis aux ennemis de l'Allemagne... Mettre un embargo sur le commerce des armes à l'heure actuelle constituerait... une violation directe de la neutralité des États-Unis ». Quelques mois plus tard (note du 29 juin), l'Autriche-Hongrie reprenait, à son tour, la même question : elle émettait l'idée que la situation de fait créée par la guerre, en amenant l'isolement complet des Empires germaniques du marché américain, avait pour résultat de détruire la neutralité même que les principes du droit international, jusqu'alors suivis en cette matière, avaient prétendu assurer : « Si la réponse à cette question est affirmative — et pour le gouvernement au-

trichien, elle est sans aucun doute affirmative, — alors se pose cette autre question de savoir s'il ne paraît pas possible, ou même nécessaire, de prendre des mesures propres à faire respecter le désir qu'a le gouvernement américain de rester strictement impartial entre les deux parties belligérantes. » Le gouvernement américain refusa de se laisser entraîner à cette discussion dangereuse, dans laquelle il s'exposerait à compromettre l'usage d'un droit dont l'exercice est manifestement vital pour les nations pacifiques, exposées à se voir attaquées par un ennemi puissant préparé de longue date :
« Les principes du droit des gens, la pratique des nations, la sécurité nationale des États-Unis et d'autres nations sans grande préparation militaire et navale..., le désir de voir adopter des méthodes pacifiques pour le règlement des différends internationaux, enfin, la neutralité elle-même, — disait-il dans sa réponse (note du 25 août), — s'opposent à l'interdiction par une puissance neutre de l'exportation des armes, des munitions et des autres approvisionnements de guerre à des puissances belligérantes au cours de la guerre. »

Déjà, les agents allemands, déçus dans leur

espoir d'influencer le gouvernement et l'opinion, avaient eu recours à des moyens plus directs pour atteindre leur but. Dès le début de l'été, des grèves avaient commencé à troubler les usines qui fabriquaient des munitions ou du matériel de guerre. Le mouvement était facilité par le désir naturel des ouvriers de profiter des bénéfices élevés que procuraient à ces industries les ordres des belligérants. Mais les excitations dont ils étaient l'objet furent dénoncées et réprouvées par les chefs des unions ouvrières. Le président de l'« American Federation of labor », M. Gompers, interviewé à ce sujet, répondit : « Nous ne permettrons pas que les organisations ouvrières et les disputes ouvrières soient utilisées pour servir les desseins d'un belligérant. Je puis dire que des parties intéressées à empêcher l'exportation des munitions de guerre ont approché nos chefs : nous nous méfierons de ces tentatives, que nous répudions. » Les grèves ne suffisant pas, une véritable épidémie d'incendies et d'explosions mystérieuses frappa ces usines, et plusieurs navires chargés de munitions ou de matériel furent victimes d'attentats, ou n'y échappèrent que grâce à la découverte des engins destructeurs dissimulés à bord. Les pertes financières furent considérables ; les pertes d'hommes nombreuses. Le 15 août, le *New-York World* commençait la publication de documents secrets qui soulevaient « le rideau qui avait caché jusqu'alors l'activité et les desseins de la propagande officielle allemande aux États-Unis ». La police effectuait de nombreuses arrestations de conspirateurs, et réunissait les preuves des agissements occultes de membres des ambassades allemande et autrichienne.

Une autre question, tout aussi grave, occupait à ce moment le gouvernement et l'opinion. De sérieuses difficultés étaient nées de la façon dont l'Allemagne prétendait se servir de l'arme nouvelle des sous-marins, sans égard pour les droits des belligérants non-combattants et même pour les neutres. Le 4 février 1915, l'Allemagne avait déclaré « zone de guerre » les eaux territoriales de la Grande-Bretagne et de l'Irlande, y compris la Manche, et avisé les puissances neutres des risques que courraient leurs navires marchands, s'ils s'aventuraient dans cette zone. Or, le gouvernement américain, après avoir échoué dans une tentative pour obtenir des belligérants l'application des principes énoncés par la Déclaration de Londres de 1909, avait annoncé qu'il entendait que les droits et les devoirs du gouvernement et des citoyens des États-Unis fussent définis, conformément aux règles du droit international déjà existantes et aux traités signés par eux (note du 24 octobre 1914). La proclamation par l'Allemagne d'une zone de guerre maritime était une innovation : dès le 10 février, le Président protestait contre « cette mesure imprévue et sans précédent dans les guerres navales », et il déclarait au gouvernement allemand que les États-Unis le tiendraient strictement responsable des dommages qu'elle pourrait occasionner à des citoyens américains. Quelques jours plus tard (note du 20 février), M. Wilson adressait à Londres et à Berlin une proposition pour modifier les règles existantes du droit international, modifications conçues dans un but humanitaire et rendues nécessaires, pensait-il, par l'apparition de cet engin nouveau : le sous-marin. Ceux-ci ne devraient être employés contre les navires marchands que pour l'exercice du droit de visite ; l'Allemagne devrait s'engager à ce que les produits alimentaires qu'elle importerait des États-Unis fussent adressés à des agents désignés par ces derniers, et distribués de façon qu'ils ne pussent être consommés que par les non-combattants ; de son côté, la Grande-Bretagne devrait s'engager à ne pas arrêter les convois de produits alimentaires consignés aux agents désignés par les États-Unis en Allemagne. Cette dernière s'empressa d'accéder à une proposition si avantageuse pour elle, mais l'Angleterre et ses alliés ne pouvaient y consentir : l'Angleterre répondit donc par un refus, et, pour se conformer aux règles du droit international, le 15 mars, elle déclarait par un ordre en Conseil le blocus des ports allemands.

La guerre sous-marine telle que la pratiquait le gouvernement allemand, torpillant les navires marchands belligérants et neutres sans avis préalable, n'avait pas encore amené d'incident sérieux avec les États-Unis, lorsque, le 7 mai, le torpillage, sans aucun avertissement, du transatlantique *Lusitania*, rentrant en Angleterre avec plus de deux mille personnes à bord, causa la perte des deux tiers des passagers ; au nombre des noyés étaient une centaine d'Américains. L'explosion d'indignation aux États-Unis fut extraordinaire : « La nation qui s'est rappelé des marins du *Maine* (pour les venger), écrivait la *New-York Tribune*, n'oubliera pas les civils du *Lusitania*. » « L'Amérique, disait la *Press* de Philadelphie, se voit soudainement plongée dans le « maelstrom » de cette guerre gigantesque. » La *Nation*, de New-York, déclarait: « L'Allemagne ne doit pas être laissée un moment dans le doute, quant à l'impression qu'a faite sur le monde civilisé sa dernière manifestation de terrorisation. C'est un acte duquel un Hun rougirait, dont un Turc serait honteux, et dont un pirate barbaresque s'excuserait. Parler de technicalités et du droit des gens en face d'un si monstrueux attentat en pleine mer, ce serait perdre du temps. Le droit des gens et la loi divine ont été également violés. » La colère contre l'Allemagne était accrue encore par l'attitude cynique de ses porte-paroles. La *New-Yorker Staatszeitung* disait avec une ironie révoltante: « Qui que ce soit qui s'embarque en ce temps de guerre, prenant passage sous le drapeau britannique, sait les risques auxquels il s'expose... Il y a un moyen de protéger la vie des Américains : ils n'ont qu'à rester chez eux. Les voyages en mer dans le voisinage de la Manche sont décidément dangereux en ce moment. » ; le *Fatherland* faisait chorus : « Il est temps pour ce gouvernement d'aviser les Américains que leur vie est en danger permanent à bord des navires de commerce anglais. Si les navires américains ne sont pas assez bons pour les voyageurs américains, qu'ils restent chez eux. »

Le gouvernement de Washington prit nettement position : rappelant les objections qu'il avait déjà formulées contre la méthode d'attaque par l'Allemagne du commerce maritime de ses adversaires, objections fondées sur « l'impossibilité pratique d'employer des sous-marins à la destruction du commerce sans violer les règles de justice, de raison et d'humanité, dont l'opinion moderne, dans le monde entier, considère l'observation comme obligatoire », il demandait le désaveu des actes dont les États-Unis avaient à se plaindre, et des réparations « autant que cela est possible pour des dommages qui sont sans mesure ». — « Le gouvernement impérial, — disait-il en concluant, — ne doit pas attendre du gouvernement des États Unis l'omission d'un seul mot ni d'un seul acte qui serait nécessaire à l'accomplissement de son devoir sacré de soutenir les droits des États-Unis et de leurs citoyens, et d'en assurer le libre exercice et la pleine jouissance. » (Note du 14 mai.) L'Allemagne s'efforça dans sa réponse (29 mai), d'éluder la question principale en soulevant une série de questions secondaires. Le Président allait-il se laisser jouer ? Les pacifistes s'agitaient, protestant que l'on ne pouvait accepter que des citoyens américains, par leur insouciance ou leur obstination, pussent entraîner le pays dans des difficultés dont les conséquences pourraient l'acculer à une situation ne laissant d'autre issue que la guerre. Le secrétaire d'État défendait chaleureusement ces idées dans le cabinet même. Le 8 juin, M. William J. Bryan donnait sa démission : il ne pouvait, disait-il, suivre le Président dans une voie dangereuse pour la paix. Le lendemain, une seconde note, aussi ferme que la première, plus élevée de ton, était adressée à l'Allemagne [1]. Le débat, disait-elle, porte « sur quelque chose de beaucoup plus grave que de simples droits de propriété et des privilèges commerciaux. Ce que soutient le gouvernement des États-Unis,

---

1. Cette note du 9 juin était signée par M. Robert Lansing, faisant fonction de Secrétaire d'État, et qui fut définitivement nommé à ce poste quelques jours plus tard.

n'est rien de moins que les droits sacrés de l'humanité, que tout gouvernement tient à honneur de respecter et qu'aucun gouvernement ne peut se croire autorisé à abandonner au nom de ceux qui sont placés sous sa protection... Le gouvernement des États-Unis est dans l'impossibilité d'admettre que la déclaration de la zone de guerre navale puisse, à un degré quelconque, diminuer les droits des citoyens américains passagers sur des navires marchands appartenant à une nation belligérante ; il ne comprend même pas que le gouvernement allemand puisse mettre ces droits en doute ». La population, dans son ensemble, applaudit à cette vigoureuse mise en demeure ; la *Nation*[1] traduisait le sentiment général, en disant : « Ce ne sont pas deux gouvernements, mais deux moralités qui sont en présence. »

L'Allemagne essaya cependant, encore, de se dérober. Elle fit une proposition au gouvernement des États-Unis : « Afin de fournir aux citoyens américains des facilités suffisantes pour la traversée de l'Atlantique », elle lui suggérait « d'organiser un service de passagers

[1]. 10 juin 1915.

avec un nombre suffisant de navires neutres battant pavillon américain, auxquels les sous-marins allemands auraient ordre de laisser libre passage [1] ». Cette offre avait un caractère vraiment offensant. Le gouvernement américain déclara que cette dernière note était des moins satisfaisantes et qu' « il continuerait à combattre pour le principe de la liberté des mers, de quelque part qu'il soit violé, sans aucune compromission et à tous risques » ; il terminait en rappelant solennellement au gouvernement impérial « la nécessité d'observer scrupuleusement les droits des neutres... La répétition, par les commandants des navires allemands, d'actes en contravention de ces droits serait regardée par le gouvernement des États-Unis, s'ils affectent des citoyens américains, comme délibérément non amicaux [2] ».

L'heure était grave. L'Allemagne n'avait pas encore répondu, lorsque, le 12 août, le torpillage de l'*Arabic*, qui avait des Américains à bord, dont deux perdirent la vie, l'obligea à prendre une décision. Le 1er septembre, le comte Bernstorff annonçait au Secrétaire d'État

1. Note du 16 juillet 1915.
2. Note du 23 juillet 1915.

que ses instructions concernant la réponse de son gouvernement à la dernière note des États-Unis, relative au *Lusitania*, lui enjoignaient de déclarer que « les navires de passagers (*liners*) ne seront pas coulés par nos sous-marins sans avertissement préalable et sans que la sécurité des non-combattants ait été assurée, à la condition que ces navires n'essaient pas de s'échapper ou ne fassent pas de résistance ». Cette reconnaissance par l'Allemagne de la thèse américaine fut reçue aux États-Unis comme une victoire diplomatique obtenue par la seule force morale : on avait lieu de s'enorgueillir du succès du Président. Malgré la communication faite par le comte Bernstorff, le gouvernement allemand, dans sa note sur le cas de l'*Arabic* (7 septembre), chercha une fois de plus à éviter de reconnaître formellement les principes émis par les États-Unis. Les rapports entre les deux pays empirèrent subitement; la rupture des relations diplomatiques parut imminente. Le 5 octobre, enfin, l'Allemagne s'inclinait : le gouvernement impérial désavouait le commandant du sous-marin qui avait coulé l'*Arabic*, exprimait ses regrets pour cet acte commis, disait-il, malgré ses instructions, et déclarait que « les ordres de Sa Majesté aux commandants des sous-marins allemands ont été rendus si stricts que le retour d'accidents semblables à celui de l'*Arabic* est regardé comme impossible ».

Cette soumission de l'Allemagne satisfaisait l'amour-propre des Américains; ceux, fort nombreux, qui avaient appréhendé la guerre, se réjouissaient de voir les bonnes relations maintenues entre les deux pays. Pourtant, certains se demandaient s'il n'y avait pas du vrai dans ce que disait la presse des Alliés : le gouvernement allemand redoutait sans doute une rupture avec les États-Unis, mais, s'il s'inclinait ainsi devant leurs exigences, n'était-ce pas surtout parce qu'il se rendait compte que la marine anglaise avait bien en main, à présent, les procédés pour lutter contre les sous marins, et que les pertes nombreuses de ceux-ci lui avaient démontré l'inanité des espoirs qu'il avait mis dans cette arme ? Le blocus efficace de l'Angleterre ne pourrait être réalisé par ce moyen.

Les Allemands commençaient d'ailleurs à se rendre compte également qu'ils s'étaient trompés sur l'importance de l'appui que pourraient leur donner les Germano-Américains. L'opinion se soulevait contre « la plus stupéfiante propagande dont le monde ait jamais été le témoin [1] », menée en pays neutre avec une brutalité et une indécence égale à celles des armées allemandes dans leur marche d'envahissement. M. Dernburg, qui s'était rendu insupportable au gouvernement, fit déborder la coupe par son attitude cynique à l'annonce de l'attentat contre le *Lusitania*. Sa présence ne pouvait être tolérée plus longtemps aux États-Unis : il avait dû s'embarquer pour l'Allemagne le 12 juin, et, à son arrivée dans son pays, il déclarait que « la neutralité effective de l'Amérique du Nord était douteuse [2] » : sa mission avait échoué. Quelques semaines plus tard, en octobre, le gouvernement américain exigeait le rappel de l'ambassadeur d'Autriche-Hongrie, le docteur Constantin E. Dumba, dont le rôle actif dans les mouvements grévistes avait été mis au grand jour par une correspondance confiée par lui à un correspondant de guerre américain, M. Archibald, arrêté à Falmouth par les autorités anglaises. Puis, en décembre, les attachés

1. Douglas W. Johnson : « Lettre d'un Américain à un Allemand », *Revue de Paris*, 15 septembre 1916.
2. Gabriel Alphaud : *l'Action allemande aux États-Unis*, p. 247.

militaire et naval allemands à Washington, von Papen et Boy-ed, trop compromis dans les complots dont la police américaine tenait à présent les fils, devaient à leur tour quitter les États-Unis. Seul, le comte Bernstorff, malgré la difficulté de sa situation, avait réussi à sauver suffisamment les apparences pour pouvoir demeurer à son poste.

La controverse au sujet du *Lusitania* traînait en longueur. Elle n'était pas réglée que deux nouveaux attentats contre des navires de passagers vinrent prouver aux Américains combien était précaire la victoire diplomatique dont ils se glorifiaient. Le 8 novembre, l'*Ancona*, puis, le 2 janvier, le *Persia*, ayant tous deux des Américains à bord, étaient coulés. Les deux drames avaient eu lieu, cette fois, en Méditerranée, et l'Autriche-Hongrie semblait être la coupable. Le gouvernement américain allait-il recommencer avec elle la même politique de notes qu'il avait laborieusement poursuivie avec l'Allemagne? politique qui paraissait ne pouvoir donner que des triomphes illusoires, et qui soulevait, depuis quelque temps déjà, de vives critiques. Le Président ne se décida pas encore à l'abandonner. Il crut même devoir faire une nouvelle tentative auprès des deux groupes de belligérants pour limiter la guerre sous-marine. Il proposa comme « un arrangement raisonnable et réciproquement équitable, si les belligérants opposants croyaient pouvoir l'accepter, que les sous-marins devraient, à l'avenir, observer étroitement les règles du droit international dans l'exercice de leur droit de visite des navires marchands, pour déterminer la qualité de belligérants de ceux-ci, et mettre les équipages et les passagers en lieu de sûreté avant de couler les vaisseaux comme prise de guerre, tandis que, d'autre part, défense serait faite aux navires marchands de nationalité belligérante de porter aucun armement, de quelque nature que ce fût[1] ». L'acceptation de cette proposition aurait été singulièrement favorable à l'Allemagne, en enlevant à ses sous-marins toute appréhension d'un danger qui devenait chaque jour plus grand pour eux : les Alliés déclinèrent la suggestion du Président.

Le 8 février, confiants sans doute dans la patience manifestée jusqu'alors par M. Woodrow Wilson, les gouvernements allemand et

1. Note du 18 janvier 1916.

autrichien rouvraient la question entière de la guerre sous-marine, annonçant que, à partir du 29, tous les navires marchands armés seraient traités comme des navires de guerre et attaqués sans avertissement. Cette fois, le Président se ressaisit. Il déclara qu'il était impossible pour le gouvernement américain d'acquiescer à la prétention émise par les Empires centraux, de traiter comme des navires de guerre les navires marchands armés pour la défensive : les États-Unis avaient toujours reconnu comme licite l'armement de ces navires dans ces conditions; ils ne pouvaient modifier leur opinion au cours de la guerre. En même temps, le secrétaire d'État annonçait que le règlement de la question du *Lusitania* dépendait de la façon dont serait conduite à l'avenir la guerre sous-marine. Déçus par cette attitude, les pro-Allemands s'efforcèrent de soulever une forte agitation pour faire réussir leur dessein. Ils émirent la prétention d'obtenir du Congrès le vote d'une loi donnant avis aux citoyens américains de ne pas voyager sur des navires marchands belligérants armés : s'ils transgressaient cet avis, ce serait à leurs risques et périls; s'il leur arrivait malheur, la nation se désintéressait d'eux. Les pacifistes accueillirent ce projet avec faveur. Des résolutions dans ce sens furent déposées à la Chambre et au Sénat, et une minorité grandissante, susceptible de se changer rapidement en majorité, se forma au Congrès. Le Président engagea résolument la lutte. Il fit connaître qu'il ne consentirait jamais à une limitation des droits des citoyens américains, qu'il considérerait comme une humiliation profonde. Pour arrêter la campagne en cours, il demanda aux chefs des partis dans les deux Chambres de soumettre au vote les résolutions proposées. Il fut fait suivant son désir, et, le 3 mars, ces résolutions étaient repoussées à une forte majorité dans chaque Chambre.

L'Allemagne défierait-elle les États-Unis ? Le mois n'était pas écoulé qu'un nouvel attentat, aussi monstrueux que ceux qui avaient été commis contre le *Lusitania* et l'*Ancona*, avait lieu dans la Manche. Le *Sussex*, navire non armé, faisant le service des passagers entre Folkestone et Dieppe, était, le 24 mars, torpillé sans avertissement : les victimes étaient nombreuses. Un profond sentiment d'indignation ébranla la population américaine. L'administration resta muette pendant quelques jours : elle attendait

les renseignements officiels nécessaires pour faire son opinion. Le 19 avril, les deux Chambres du Congrès se réunissaient en séance commune, à la demande du Président, pour entendre communication d'un message sur les relations avec l'Allemagne. Depuis la déclaration de guerre contre l'Espagne, aucune séance n'avait revêtu un caractère aussi solennel. Le Président, après un bref exposé des conditions de la guerre sous-marine, dans laquelle l'Allemagne faisait usage de « méthodes d'attaque, contre le commerce de ses ennemis, qu'il a été manifestement impossible de maintenir dans les limites exigées par la raison et par les sentiments humanitaires », aborda l'examen des raisons qui l'avaient conduit à la grave décision dont il avait voulu faire part aux représentants du pays, en même temps qu'il la communiquait à l'Allemagne.
« Plusieurs fois, le gouvernement impérial a donné à notre gouvernement des assurances solennelles qu'au moins les navires de passagers ne seraient pas coulés sans avertissement, et cependant, à de nombreuses reprises, il a permis à ses commandants de sous-marins de mépriser ces assurances avec une complète impunité... Le gouvernement américain a été très

patient... Il a voulu attendre jusqu'à ce que l'interprétation des faits ne pût plus prêter à controverse. Ce moment est malheureusement arrivé... J'ai donc estimé de mon devoir de dire au gouvernement impérial allemand que, s'il persistait dans son intention de faire une guerre implacable et sans merci aux navires de commerce à l'aide de sous-marins, malgré l'impossibilité maintenant certaine de faire cette guerre en conformité avec ce que le gouvernement américain doit considérer comme les règles sacrées et indiscutables du droit des gens et comme les préceptes d'humanité universellement reconnus, le gouvernement américain serait enfin forcé d'arriver à cette conclusion qu'il n'y a plus qu'une seule ligne de conduite qu'il puisse adopter et que, à moins que le gouvernement impérial allemand déclare qu'il abandonne ses méthodes de guerre présentes contre les navires transportant des passagers et des marchandises et prenne des mesures à cet effet, le gouvernement américain n'aura pas d'autre alternative que de rompre complètement les relations diplomatiques avec le gouvernement de l'Empire allemand... Je suis arrivé à cette décision avec le plus profond regret... Nous ne pouvons pas oublier que nous sommes, en quelque sorte et par la force des circonstances, les porte-paroles responsables des droits de l'humanité, et que nous ne pouvons pas rester silencieux, alors que ces droits semblent être lancés dans le « maelstrom » de cette terrible guerre. Nous devons agir. Nous le devons au respect de nos propres droits comme nation, et à notre sens du devoir, comme représentants des droits des neutres du monde entier; conformément à la conception admise des droits de l'humanité, nous avons le devoir de prendre position maintenant avec la plus grande solennité et avec la plus grande fermeté. J'ai donc pris position et je l'ai fait avec la certitude que vous m'approuverez et que vous me soutiendrez[1]. »

Aucune échappatoire n'était laissée à l'Allemagne : il lui fallait ou rompre ou s'incliner. A l'exception des pro-Germains et du petit groupe de pacifistes à tout prix, l'opinion américaine approuva pleinement ce grave et viril message.

[1]. Le lendemain de cette séance du Congrès, l'ambassadeur des États-Unis à Berlin remettait au gouvernement allemand une note reproduisant à peu près le message présidentiel.

Le Président avait pris l'attitude qui convient à une fière et puissante nation : cette fois, les États-Unis, ne se bornaient plus à défendre les droits des citoyens américains; s'élevant plus haut, ils se faisaient les défenseurs des droits des neutres que leur faiblesse empêchait d'élever la voix.

Le 4 mai, le gouvernement allemand informait les États-Unis que « les forces navales allemandes ont reçu l'ordre, conformément aux principes généraux du droit international relatifs à l'arrestation, à l'examen de la cargaison, et à la destruction des bâtiments de commerce, de ne pas couler sans avertissement, ni sans donner la possibilité de sauver les hommes de l'équipage et les passagers, les navires de commerce, même dans l'intérieur de la zone de guerre, à condition qu'ils ne s'enfuient pas et n'opposent pas de résistance ».

Il prétendait cependant ne céder que sous condition. « Le gouvernement allemand, — disait-il en concluant, — ne doute pas que le gouvernement des États-Unis demandera énergiquement au gouvernement britannique et obtiendra de lui le respect immédiat des formes du droit international, telles qu'elles étaient reconnues généralement avant la guerre, et telles qu'elles sont exposées, notamment dans les notes du gouvernement américain au gouvernement britannique du 28 décembre 1914 et du 5 novembre 1915. Si les démarches du gouvernement américain ne devaient pas aboutir au résultat voulu, à savoir de faire respecter les lois de l'humanité par toutes les nations belligérantes, le gouvernement allemand se trouverait placé devant une situation nouvelle, en présence de laquelle il se réserve pleine et entière liberté de décision. »

La réponse américaine (note du 8 mai) fut, par sa brièveté et la façon dédaigneuse dont elle écartait cette prétention, un véritable soufflet pour l'Allemagne :

« La note du gouvernement impérial, du 4 mai a été l'objet de l'examen attentif du gouvernement américain, qui a spécialement pris note de l'intention du gouvernement impérial de faire son possible, à l'avenir, pour limiter aux forces des belligérants les opérations de guerre jusqu'à la fin des hostilités et obliger tous ses officiers de marine à observer les règles reconnues par le droit international, point sur lequel le gouvernement américain a insisté continuellement pendant les mois qui se sont écoulés depuis que le gouvernement impérial a annoncé, le 4 février 1915, l'adoption de sa politique sous-marine, maintenant heureusement abandonnée.

« Le gouvernement américain a été constamment guidé et modéré par des intentions amicales dans ses patients efforts, en vue d'amener la solution amiable des questions délicates soulevées par cette politique.

« En acceptant la déclaration du gouvernement impérial, aux termes de laquelle celui-ci abandonnait une politique mettant aussi sérieusement en danger les bonnes relations entre les deux pays, le gouvernement américain compte sur l'observation scrupuleuse de cette déclaration.

« La politique ainsi modifiée du gouverne-impérial écarte le principal danger de rupture des bonnes relations existant entre les États-Unis et l'Allemagne.

« Le gouvernement américain juge nécessaire de déclarer qu'il est en droit de croire que l'Allemagne n'a pas l'intention de faire dépendre, en quoi que ce soit, le maintien de la politique qu'elle vient d'indiquer, du tour ou du résultat des négociations entre le gouvernement américain et un autre gouvernement belligérant, bien que certains passages de la note du gouvernement impérial du 4 mai puissent sembler susceptibles de cette interprétation.

« Dans le but d'éviter tout malentendu, le gouvernement américain notifie au gouvernement impérial qu'il ne peut, pour un seul instant, admettre et, encore moins, discuter la suggestion que l'observation, par les autorités navales allemandes, des droits des citoyens américains sur les mers, dépende, en quelque manière que ce soit et le moins du monde, de la conduite de tout autre gouvernement à l'égard des droits des neutres et des non-combattants.

« Sur ce point, la responsabilité est personnelle, elle n'est pas commune ; elle est absolue et non relative. »

L'Allemagne comprit : sa superbe était tombée ; elle ne pouvait se permettre de tourner contre elle les États-Unis. Les Germano-Américains n'étaient pas un appui suffisant pour prétendre faire échec à l'opinion nationale, et la fidélité même à leur patrie d'origine céderait sans doute chez beaucoup d'entre eux, en cas de conflit, au sentiment du devoir envers leur patrie d'adoption. Le 18 mai, le gouvernement allemand faisait sa soumission complète : l'ambassadeur d'Allemagne à Washington informait le Secrétaire d'État, par une note rendue publique le même jour, par l'ambassade elle-même, qu'« il envoyait des instructions à tous les consuls allemands des États-Unis, pour rappeler avec force aux citoyens allemands vivant dans leur district que leur devoir est d'obéir scrupuleusement aux lois des États où ils résident ».

Le gouvernement américain avait eu également à soutenir les droits de ses citoyens contre les mesures que les Alliés jugeaient nécessaires, pour rendre aussi effective que possible la séparation de leurs ennemis d'avec les pays d'outre-mer. Dans ses discussions avec eux, il s'était placé, dès le début, sur le même terrain qu'avec l'Allemagne : il leur demandait de respecter les règles du droit international, telles qu'elles étaient généralement reconnues par les puissances civilisées à la veille de la guerre, et de les appliquer de façon à limiter, le plus possible, les dommages qui pourraient en résulter pour leurs nationaux.

Les causes de conflit furent fatalement nombreuses; les négociations parfois délicates. Les questions soulevées par l'exercice du droit de visite, par la nature des objets déclarés contrebande de guerre, conditionnelle ou absolue, par l'application du blocus, par le droit de surveillance sur les objets transportés par la poste, sur la correspondance même, offraient un large champ de discussions. Les commerçants américains, gênés dans leurs entreprises, voyant leur échapper des bénéfices espérés, témoignèrent, dans quelques occasions, d'une assez forte mauvaise humeur. Les pro-Allemands ne manquèrent pas d'utiliser ces différends. N'était-il pas de leur intérêt évident d'exagérer, d'outrer les désagréments inévitables que le souci de leur sécurité et du triomphe de leur cause obligeaient les gouvernements des Alliés à faire subir aux neutres? Les Alliés firent, d'ailleurs, de leur mieux pour satisfaire aux justes réclamations du gouvernement américain, dans les limites où ils le jugeaient possible. Dans la question du coton, par exemple, qui avait une si grande importance pour les États du sud de l'Union, ils manifestèrent une bienveillance qui leur attira de vives critiques de la part de leurs nationaux. Ne laissaient-ils pas, grâce à une pusillanimité coupable, les Allemands se réapprovisionner d'une matière nécessaire pour la fabrication des explosifs, et n'aidaient-ils pas ainsi à prolonger la guerre ? Malgré ces critiques, l'Angleterre autorisa les envois directs de coton à destination de l'Allemagne jusqu'en mars 1915, et il ne fut déclaré contrebande de guerre qu'en août de la même année.

Dans ses discussions avec les Alliés, le gouvernement américain fut souvent gêné par les précédents que lui-même avait créés pendant la guerre de Sécession. A cette époque, il s'était trouvé obligé, sous la pression des circonstances, d'interpréter étroitement, parfois même de forcer dans leur interprétation, les mêmes règles du droit international que, neutre aujourd'hui, il désirait voir interpréter le plus largement possible. L'opinion américaine, d'ailleurs, dans l'ensemble, quoique se plaignant des entraves que causait la guerre aux entreprises commerciales, reconnaissait que les Alliés étaient justifiés en employant leur puissance maritime jusqu'à l'extrême limite admise par le droit des gens. Enfin, le développement extraordinaire de l'industrie américaine, sous l'impulsion des ordres des Alliés, ne permettait pas d'exagérer les plaintes.

Les relations entre les États-Unis et les Alliés, malgré ces échanges de notes, un peu vives parfois du côté américain pour donner quelque satisfaction peut-être aux pro-Allemands, sont restées jusqu'ici, au grand dam de ces derniers, franchement cordiales. De part et d'autre, on avait l'assurance que l'on avait pourvu, dès le commencement de la guerre, aux moyens de régler pacifiquement les plus graves difficultés. Les *Peace treaties*, signés en septembre 1914 par les États-Unis avec la France et l'Angleterre, avec la résolution de les appliquer loyalement, dominent les relations entre ces pays pendant une période où presque chaque jour surgissent des difficultés imprévues. L'Allemagne, au contraire, a dédaigneusement refusé de se lier par un engagement si contraire à la doctrine qui continue à dominer la pensée et les actes de ses gouvernants : la Force prime le Droit. Chose étrange, elle n'a pas cru nécessaire, cette fois, de se couvrir d'un masque. Quelle différence, d'ailleurs, dans la nature des débats qu'elle a dû soutenir contre les États-Unis, et ceux qui ont été agités entre ces derniers et les Alliés! Ici, il n'a jamais été question que d'intérêts matériels ; entre l'Allemagne et les États-Unis il s'agissait de la sécurité de vies humaines : quelle compensation pécuniaire pourrait faire oublier les attentats commis délibérément contre les victimes du *Lusitania*, de *l'Ancona*, du *Sussex* ?

Les efforts des Allemands pour faire incliner en leur faveur l'opinion publique américaine ont échoué. Ils n'ont pu, malgré les auxiliaires sur l'appui desquels ils avaient fondé de si grands espoirs : Germano-Américains, Irlandais, Juifs russes immigrés, en imposer, ni au gouvernement, ni au Congrès. Mais leurs menées ont fortement impressionné les Américains, qui ont été émus de voir des immigrants de fraîche date, auxquels les États-Unis offrent une si libérale hospitalité, et des individus d'origine étrangère devenus citoyens de l'Union et qu'elle couvre de sa protection, oublier leurs devoirs envers leur patrie d'adoption. Le Président a cru devoir demander au Congrès de voter au plus tôt les lois nécessaires pour mater ces mouvements et « sauver l'honneur et le respect de la nation ». — « Je déplore, — disait-il dans son message de décembre 1915, — d'avoir à dire que les menaces les plus graves pour notre paix et notre sécurité nationales se sont produites à l'intérieur de nos frontières. Il y a des citoyens des États-Unis, je rougis d'avoir à le reconnaître, nés sous d'autres drapeaux, admis grâce à la générosité de nos lois de naturalisation à la pleine nationalité américaine, qui ont versé le poison de la déloyauté dans notre vie nationale, qui ont cherché à rendre méprisables l'autorité et le bon renom de notre gouvernement, à détruire nos industries partout où ils le jugeaient utile pour la réalisation de leurs desseins, et à avilir notre politique pour la mettre au service d'une influence étrangère. Leur nombre n'est pas grand, comparé à celui des hôtes loyaux, par lesquels notre nation a été enrichie de sources étrangères dans les générations récentes... (Mais) l'Amérique n'avait jamais vu pareille chose. » La population applaudit à cette flétrissure infligée à des concitoyens qui se sont déconsidérés, et qui, au lendemain même de la vigoureuse apostrophe du Président, relevaient audacieusement le gant. A l'Assemblée générale de l'Alliance nationale germano-américaine, le professeur Kühnemann n'hésitait pas à proclamer : « Dans le grand conflit qui secoue actuellement le monde entier, nous nous sentons de nouveau unis, et unis avec nos frères d'Europe. Nous avons le droit de considérer les Allemands d'Europe comme nos frères. On dit que nous devons à l'Amérique notre vie et notre prospérité. C'est le contraire qui est vrai : c'est l'Amérique qui nous doit, à nous, sa vie et sa prospérité. Ce n'est que grâce à nous que ce pays est maintenant riche, puissant et florissant. Voilà pourquoi nous devons être fidèles à l'Allemagne. Cette fidélité à l'Allemagne est la meilleure preuve de fidélité à l'égard de l'Amérique. Le meilleur Allemand est aussi le meilleur Américain[1]. »

Mais les actes des Allemands étaient le plus grand obstacle au succès de leur propagande : ils provoquaient des désertions dans les rangs mêmes de leurs frères de race. Au lendemain de l'attentat contre le *Lusitania*, le *Chicago Herald* croyait pouvoir dire : « La grande majorité de nos concitoyens de sang allemand comprennent que ceci n'est pas une question entre la Grande-Bretagne et l'Allemagne, mais bien une question entre les États-Unis et l'Allemagne, et leur loyauté est avec les États-Unis »,

---

1. *Le Temps*, 19 janvier 1916.

et la *Tribune* de New-York, après une enquête auprès des Germano-Américains de cette ville, disait : « En général, il ne peut y avoir aucun doute sur leur choix, si la guerre les obligeait à choisir entre la patrie de leurs pères et leur patrie d'adoption. L'appel de celle-ci serait, sans aucun doute, le plus puissant. »

La publication, presque au lendemain du torpillage du *Lusitania*, du rapport de la Commission anglaise sur les atrocités commises par les Allemands dans les pays envahis, avait produit un effet considérable, malgré les efforts de la presse de langue allemande pour en atténuer l'effet. La personnalité du président de la Commission, lord Bryce, qui a étudié avec tant de sympathie les États-Unis, et qui a été pendant sept ans, de 1907 à 1912, ambassadeur de la Grande-Bretagne à Washington, où il avait acquis une grande autorité, était garante pour les Américains de la sincérité des enquêteurs et des précautions prises par eux. L'exécution de miss Edith Cavell (12 octobre 1915) vint encore ajouter au mépris des Américains pour les gouvernants allemands, sinon pour le peuple allemand lui-même, que sa soumission aveugle à l'autocratie militaire qui le domine fait cependant regarder avec une pitié de plus en plus dédaigneuse.

Le mouvement en faveur des Alliés allait croissant chez les intellectuels, et il trouvait un solide appui dans les classes moyennes de la population. Le jugement porté sur l'Allemagne par un ancien avocat général des États-Unis, à la fin d'une étude serrée des documents publiés, discutés par lui comme les pièces d'un acte d'accusation, rencontrait l'approbation générale : « La plus grande faiblesse de l'Allemagne, aujourd'hui, — concluait M. James M. Beck, — est son isolement moral. Elle est condamnée par le jugement du monde civilisé. Aucune force physique dont elle pourra faire usage ne saurait compenser cette perte de puissance morale. Le succès même serait trop chèrement acheté à ce prix. Si trois fois heureux sont ceux qui défendent une juste cause, alors l'Angleterre, la France, la Russie et la Belgique peuvent attendre avec confiance, non seulement l'issue immédiate de ce titanesque conflit, mais aussi le jugement également important de l'Histoire[1]. »

---

[1]. JAMES M. BECK : « The evidence in the case in the supreme court of civilization as to the moral responsibility for the war. »

Cette sympathie, tout en évitant de violer la neutralité prescrite par le gouvernement, s'est manifestée d'une manière active, tout à fait grandiose. La générosité des Américains pour venir en aide aux victimes de la guerre européenne, particulièrement aux victimes des pays envahis par l'Allemagne et des pays alliés, s'est montrée merveilleuse dans sa libéralité comme dans son ingéniosité. Des œuvres nombreuses ont été créées, en vue de soulager les misères multiples et de solliciter plus directement les donateurs : neuf œuvres ont pour objet de venir particulièrement en aide à la malheureuse Belgique ; huit se sont donné comme domaine la France ; neuf s'occupent des nations alliées, quatre des Juifs et Arméniens, treize des victimes de la guerre en général, quatre des Austro-Allemands. On estimait, en juin 1916, à 150 millions de francs environ le montant des secours réunis par ces œuvres, mais la liste donnée n'était vraisemblablement pas complète [1]. A ces dons en argent s'ajoute le don plus précieux encore de leur activité personnelle qu'ont fait, avec une si belle abnégation, ces femmes et ces hommes, venus d'Amérique pour prodiguer

1. *Le Temps*, 10 juin 1916.

leurs soins à nos malheureux blessés, et le don de leur vie si noblement offerte pour la cause des Alliés par ces nombreux jeunes hommes qui se sont joyeusement engagés afin de combattre sous le drapeau français ou anglais pour une cause qu'ils regardent comme la cause même de la civilisation. « Pourquoi nous nous sommes prononcés pour vous et pour les Alliés ? — disait en mars 1915, dans une lettre ouverte au *Times*, le colonel George Harvey, directeur de la *North American Review*, — c'est pour la seule raison que vous continuez la grande bataille pour le gouvernement du peuple, pour le peuple et par le peuple, que nous avons commencée à Lexington, lorsque nous avons tiré le premier coup de feu qui a retenti dans le monde entier ; la grande bataille pour la cause glorieuse pour laquelle Franklin, Jefferson et Madison ont écrit, Patrick Henry a parlé, Washington et Jackson ont combattu, pour laquelle Lincoln est mort et Mac Kinley a souffert, et à laquelle se consacre aujourd'hui tout homme d'État américain, digne de ce titre. »

L'Allemagne, qui avait de si nombreuses et sincères sympathies aux États-Unis avant la guerre, en découvrant ses ambitions immodérées et donnant libre cours à ses instincts brutaux, est apparue aux Américains réfléchis, à ces hommes qui ont assumé la charge d'élever les générations futures et qui ont foi dans les grandes destinées réservées à leur pays progressant dans les voies de la démocratie et de la liberté, comme le pire ennemi de la civilisation occidentale. Sa victoire serait une terrible calamité pour le monde entier, qui verrait le militarisme rétablir sa despotique autorité sur les sociétés démocratiques, au moment même où elles commencent à s'en dégager. Et ces hommes, dont la phalange s'est rapidement grossie, se sont efforcés de faire comprendre à leurs compatriotes que la formidable guerre européenne dans laquelle, grâce à leur éloignement, ils ont pu jusqu'à présent éviter d'être entraînés, a autant d'importance pour les États-Unis eux-mêmes, restés neutres, que pour les nations aux prises dans une lutte à mort. Ils ont été les initiateurs d'un mouvement d'opposition à la politique de neutralité morale poursuivie avec obstination par le président Wilson. Parmi les opposants, le plus véhément a été l'ancien président Théodore Roosevelt, qui a reproché amèrement à ses compatriotes d'avoir oublié le devoir que, suivant lui, leur imposait l'adhésion des États-Unis aux conventions de La Haye, adhésion qui avait été donnée sous sa présidence : « Si j'avais supposé un moment que la signature de ces conventions ne signifiait pas autre chose qu'un désir pieux, à l'accomplissement duquel toute puissance signataire pourrait impunément se dérober, si elle y avait intérêt, je n'aurais certainement pas permis que les États-Unis participassent à une aussi dangereuse mystification. » En ne protestant pas contre la violation de la neutralité de la Belgique, les États-Unis ont manqué, suivant lui, à un devoir sacré, et en ne prêtant pas une aide active aux petits États neutres pour la défense de leurs droits menacés, ils ont failli à une tâche que leur grandeur et leur puissance leur faisaient une obligation morale d'assumer. Beaucoup d'Américains acquiescent à ces idées ; nombreux sont ceux qui regrettent que les États-Unis ne se soient pas décidés à jouer ce rôle, mais les plus posés parmi eux font remarquer, non sans quelque mélancolie, que ces idées n'ont été émises par personne, pas même par M. Roosevelt, au début de la lutte, sous le coup de l'émotion première. « M. Roosevelt était vivant le 2 août 1914, et il ne dit rien alors au sujet d'une protestation contre la violation de la neutralité de la Belgique. Il a vécu, lui aussi, ce terrible mois d'août 1914. Le 23 septembre 1914, il publiait un article approuvant la neutralité du Président. Ce n'est qu'en novembre 1914 qu'il a parlé pour la première fois de notre devoir vis-à-vis de la Belgique. Cela n'a été qu'une pensée tardive. Nous sommes beaucoup qui regrettons de n'avoir pas senti notre obligation en temps utile. Notre tradition et notre politique y étaient opposées[1]. »

La masse de la population approuvait la politique de stricte neutralité du Président. Émue, indignée par les attentats des Allemands, sympathique aux Alliés, prête à venir en aide généreusement aux victimes de la guerre, elle ne voyait aucune raison pour le gouvernement des États-Unis de se prononcer dans un conflit dans lequel ils n'avaient aucun intérêt direct. Au delà des Alleghanys, la guerre paraissait de beaucoup moindre importance encore que sur la côte de l'Atlantique; les bruits d'Europe n'arrivent que fort amortis dans les plaines de l'Ouest. Et

1. WALTER LIPPMANN : « America to England »; *the Manchester Guardian, American number*, 3 octobre 1916.

puis, voilà que cette guerre qui cause de si grandes destructions dans le vieux monde, qui avait failli déchaîner une crise financière violente aux États-Unis mêmes, devenait pour ceux-ci, par sa prolongation, une cause de profits extraordinaires. Les ordres donnés par les Alliés aux industries américaines prennent, à partir du milieu de 1915, des proportions inattendues. Les Américains pressentent que, si ces conditions se prolongent, la situation des États-Unis dans le monde sera profondément modifiée. La politique traditionnelle et les intérêts immédiats les poussent dans la même voie : continuer à se tenir à l'écart des affaires européennes. Un moment, cette décision est ébranlée par l'attitude insolente de l'Allemagne après l'attentat contre le *Lusitania*; on respire lorsqu'elle s'incline devant les demandes du Président, et l'on est reconnaissant à celui-ci de la manière ferme et habile dont il a su éviter la rupture diplomatique, la guerre peut-être, tout en sauvegardant l'honneur du pays.

Cette politique de neutralité ne réserve-t-elle pas d'ailleurs un rôle important, glorieux même aux États-Unis ? N'est-il pas permis d'espérer que, grâce à l'attitude strictement correcte observée par eux entre les deux groupes de belligérants, il leur sera possible, lorsque la première ardeur de la lutte sera passée, lorsque la folie sanguinaire qui s'est emparée des peuples d'Europe sera un peu calmée, d'intervenir en médiateurs, et d'être les artisans du retour à la paix. Ce rêve, le président Wilson l'a caressé depuis le début de la guerre; il en a donné la réalisation comme but à sa politique. Et l'on ne peut s'étonner que ce rêve l'ait séduit, et avec lui les Américains. Pour le repousser, pour se rendre compte de l'impossibilité qu'il y aurait à lui faire prendre forme, il eût fallu une connaissance plus profonde des questions européennes. Seule, l'âpreté de la lutte, la résolution affirmée par les Alliés, malgré leurs revers du début, de combattre jusqu'à la complète défaite de l'Allemagne, pouvaient démontrer aux Américains l'impossibilité de leur rêve.

***

Si, à la fin de 1914, les États-Unis avaient décidément échappé à la crise dont ils s'étaient vus menacés, la situation cependant ne s'annonçait pas encore comme brillante.

La prospérité ne favorisait que les agriculteurs de l'Ouest[1]. En juillet, l'abondance même des récoltes n'était pas sans leur inspirer quelque inquiétude : ils craignaient de ne pouvoir les réaliser, le blé notamment, qu'à des cours relativement bas. Les demandes accrues de l'Europe occidentale, leur assuraient déjà, dans les derniers mois de 1914, un raffermissement des prix, qui allait s'accentuer encore au début de 1915, lorsque la fermeture des Dardanelles fit prévoir l'impossibilité où serait la Russie d'exporter son blé.

Le Sud restait inquiet sur le sort de sa récolte. La déclaration faite, le 25 octobre, par le gouvernement anglais que le coton ne serait pas classé dans la contrebande de guerre ; la

1. Récoltes des céréales (millions de bushels).

	1914	1913	1912	1911	maxima
Blé d'hiver	675	523	400	431	523—1913
Blé de printemps	217	240	330	191	330—1912
Maïs	2.706	2.447	3.125	2.531	3.125—1912
Avoine	1.140	1.122	1.418	922	1.418—1912
Orge	197	178	224	160	224—1912
Seigle	43	41	36	33	41—1913
	4.978	4.551	5.553	4.268	

réouverture, le 16 novembre, des Bourses du coton, fermées depuis le 31 juillet, avaient rendu quelque confiance, mais l'écoulement de cette récolte extraordinaire ne se faisait que lentement. L'industrie nationale n'augmentait pas ses ordres aussi vite qu'on l'avait espéré, et, au 2 décembre, il y avait un déficit d'exportation de 3 millions de balles par rapport à l'exportation à la même date, l'année précédente[1]. Les prix se traînaient : en novembre, on cotait 7 c. 75 la livre ; le 11 décembre, 7 c. 25, et on clôturait l'année à 7 c. 80 seulement.

L'industrie manufacturière ne parvenait pas à sortir de l'état de malaise où elle se trouvait. Le chômage fut très étendu dans les grandes villes pendant l'hiver de 1914-1915. Au début de 1915, les aciéries ne travaillaient qu'à 30 ou 35 p. 100 de leur capacité. L'« Interstate commerce commission » avait accepté, à la demande des Compagnies de chemins de fer de la région de l'Est, de rouvrir la question du relèvement de leurs tarifs, et, le 18 décembre, elle leur accordait, sauf certaines restrictions, le

1. *The Chronicle*, 21 août 1915.

relèvement de 5 p. 100 demandé. Les Compagnies, cependant, ne se hâtaient pas de passer les ordres qu'attendait impatiemment l'industrie métallurgique

La reprise industrielle se faisait désirer. Elle eût lieu plus tôt qu'on ne l'espérait, et l'élan vint du dehors. Les Alliés, incapables de suffire par leurs seuls moyens aux besoins de leurs armées, s'adressèrent à l'industrie américaine. En février, les aciéries travaillaient à 50 p. 100 de leur capacité. A partir de ce moment, les commandes de guerre s'accrurent avec rapidité. En avril, 70 p. 100 de la capacité de production des aciéries était employée : la production passait de 1 million et demi de tonnes en décembre, à plus de 2 millions.

Vers juillet, l'augmentation continue des ordres des Alliés rendait toute confiance aux centres industriels. Toutes les industries se rattachant aux besoins militaires : branches diverses de l'industrie métallurgique, industrie des explosifs, industrie des cuirs, industries textiles, en bénéficiaient. Le commerce intérieur restait cependant encore peu animé ; en septembre, enfin, il donnait des signes non équivoques de réveil : un « *boom* » s'annonçait, auquel on ne pouvait assigner de limite si la guerre se prolongeait.

En octobre 1915, pour la première fois dans son histoire, l'industrie métallurgique atteignait une production de près de 3 millions de tonnes de fonte : pour le second semestre de 1914, la production n'avait été que de 10 millions et demi de tonnes; pour le premier semestre de 1915, elle s'était relevée à 12 millions; pour le second semestre, elle dépassait 17 millions et demi; pour le premier semestre de 1916, elle a presque atteint 20 millions de tonnes.

Les prix s'ébranlèrent plus lentement : l'acier en lingots, coté 19 dollars la tonne à la fin de 1914, n'était encore qu'à 20 dollars en avril, 22 en juillet; à partir de ce moment, les prix vont progressant avec une rapidité inaccoutumée. En septembre, on cote 25 dollars, en décembre 32 dollars, et, en avril 1916, on atteint le prix de 45 dollars la tonne. Ce même mois, on annonce un relèvement de 5 dollars la tonne, à partir du 1er mai, du prix des rails d'acier : c'est le renversement d'une politique strictement suivie pendant les quinze dernières années, durant lesquelles le prix des rails d'acier était resté invariable. Toutes les industries travaillant pour la guerre bénéficient également. Les besoins des Alliés sont si impérieux qu'elles sont maîtresses des prix. Les autres industries profitent de cet élan et des ordres du marché intérieur, en plein essor maintenant. Suivant une étude publiée dans *The Chronicle*[1], les profits nets applicables aux dividendes de 216 sociétés, représentant un capital de 7.753 millions de dollars : 5.903 millions d'actions et 1.850 millions d'obligations et bons à court terme, se sont élevés pour 1915, à 787 millions, équivalents à 13,33 p. 100 de leur capital-actions; pour 1914, les profits de ces mêmes sociétés n'avaient été que de 432 millions, soit 7,49 p. 100 seulement.

L'élan général se traduit éloquemment dans le mouvement des recettes brutes des chemins de fer. En 1914, elles avaient été inférieures de 208 millions de dollars à celles de 1913 ; la plus grande perte avait eu lieu dans le second semestre. En temps normal, au lieu de cette diminution de 7 p. 100 environ, il y aurait eu une augmentation de 7 p. 100. La baisse continue jusqu'en avril 1915; pendant les quatre

1. 27 mai 1916.

mois qui suivent, on n'enregistre qu'une faible augmentation. Le relèvement ne commence vraiment qu'en septembre, mais il est alors si rapide que, dans les quatre derniers mois de 1915, les recettes brutes dépassent de 183 millions celles de la même période de l'année précédente, et, finalement, 1915 se solde avec un excédent de 152 millions sur 1914 : un gain de 5 p. 100. Cette augmentation va croissant en 1916, où le premier semestre se solde par un excédent de 328 millions : 23 p. 100 de gain sur le trimestre correspondant de 1915.

Le *boom* industriel a eu, naturellement, sa répercussion sur la situation des ouvriers. Dès le milieu de 1913, les chefs des Unions annoncent l'intention d'entamer la lutte pour obtenir des améliorations pour leurs membres.

C'est dans les fabriques de munitions que le mouvement commence : des grèves éclatent, ayant pour objet la diminution des heures de travail, plutôt que le relèvement des salaires. La plupart réussissent. L'industrie métallurgique est la seconde industrie affectée : ici, les demandes d'augmentation des salaires dominent. Le 1er février 1916, la « United States steel

Corporation » annonce une élévation de 10 p. 100 ; le 1ᵉʳ mai, elle en annonce une seconde de même importance : les deux augmentations représentent un accroissement annuel des salaires de 33 millions. En mars, les mineurs de charbon bitumineux obtiennent des augmentations variant de 5 à 10 p. 100 ; en mai, les mineurs d'anthracite obtiennent des augmentations de salaires variant de 3 à 7 p. 100, et le principe de la journée de huit heures. Les ouvriers des manufactures de coton de la Nouvelle-Angleterre obtiennent, à partir du 1ᵉʳ mai 1916, une avance de 10 p. 100, qui porte leur salaire au chiffre le plus élevé enregistré jusqu'ici.

La prospérité a eu sa répercussion la plus retentissante, pour les classes ouvrières, dans le succès obtenu par le personnel actif des chemins de fer. Depuis quelques années, ce personnel : mécaniciens, chauffeurs, conducteurs de train, poursuivait l'augmentation des salaires par un changement dans leur mode de fixation. Le salaire de ces agents est calculé suivant deux facteurs : le temps de travail, basé sur la journée de dix heures, et une longueur de parcours à accomplir. Les Unions demandaient que la durée de la journée de travail, sans changement dans le salaire, fut ramenée de dix heures à huit heures, et que le travail au delà de huit heures, fût rétribué au tarif de 1 fois et demie le salaire du temps normal. Dès le commencement de 1916, les Unions intéressées soumettaient aux Compagnies les revendications de leurs membres. Pour la première fois, elles présentaient leurs demandes, non pas individuellement et par régions, mais ensemble et pour tout le territoire. Ces demandes affectaient 400.000 individus. Suivant les compagnies, leur acceptation devait entraîner une dépense annuelle de 100 millions de dollars : elles ne pouvaient y faire face, disaient-elles, si l'« Interstate commerce Commission » refusait de leur accorder un relèvement de tarifs. Le 27 avril, les délégués des Unions se rencontraient avec les représentants des trois groupes territoriaux des Compagnies de chemins de fer qui, après une assez grande hésitation, avaient accepté le principe de l'unité de discussion. La conférence ne put aboutir. Les Compagnies proposèrent alors de soumettre le différend à l'arbitrage de l'I. C. C., qui compte parmi ses membres les hommes le plus au courant, en dehors des Compagnies elles-mêmes, de l'industrie des chemins de fer.

Les chefs des Unions déclarèrent que leurs membres étaient absolument opposés à l'idée d'arbitrage, et soumirent au vote la question du recours à la grève, dans le cas où elles n'obtiendraient pas satisfaction. Une forte majorité se prononça pour la grève. Le pays craignit un instant, au mois d'août, de voir les chemins de fer arrêtés simultanément sur tout le territoire de l'Union. C'eût été, en pleine période de prospérité, par le trouble qui en serait résulté, une véritable catastrophe. Le Président des États-Unis n'avait ni les pouvoirs, ni les moyens nécessaires pour faire face à cette situation. Il s'interposa entre les Compagnies et leur personnel. Toute tentative pour amener les Unions à accepter l'arbitrage demeura vaine. De leur côté, les Compagnies crurent ne pouvoir aller au delà de l'offre qu'elles avaient faite de soumettre à l'arbitrage, dans les conditions que fixerait le Président, toutes les demandes de leur personnel. Pour éviter la grève, M. Woodrow Wilson demanda au Congrès de voter d'urgence une loi capable de satisfaire les Unions. La loi, présentée à la Chambre des représentants le 1er septembre et votée par elle le même jour, fut adoptée par le Sénat le lendemain, et signée par le Président le 3. Elle n'accordait pas toutes les demandes des Unions, mais celles-ci, satisfaites du résultat obtenu, annulèrent les ordres de grève qui avaient été déjà envoyés. La loi ramène à 8 heures, au lieu de 10 heures, la base pour le calcul du salaire, le salaire pour les 8 heures devant être le même que celui payé actuellement pour 10 heures; quant au travail au delà de 8 heures, il sera payé, comme jusqu'ici, au même tarif que la journée normale. Cette victoire, non seulement sur les Compagnies, mais sur le gouvernement et sur le pouvoir législatif lui-même, a été célébrée par les Unions comme un important triomphe. Elle a suscité, d'autre part, des appréhensions fort vives, pour les conséquences ultérieures qu'elle pourra avoir sur les conflits du travail, qui seront sûrement très nombreux lorsque cessera la période présente d'extraordinaire prospérité[1].

---

1. Les Compagnies estiment que la loi votée causera un surcroît de charges d'une cinquantaine de millions de dollars.
Samuel O. Dunn : « The railways, train employees and the public », *North American Review*, juillet 1916. — William Z. Ripley : « The railroad eight-hour law », *The American Review of Reviews*, octobre 1916.

L'« American federation of labor », dans une note publiée à la fin d'avril 1916, déclarait que l'avance des salaires pendant l'année précédente avait été générale et avait affecté virtuellement toutes les industries, variant de 5 à 15 p. 100. Aussi importante que cette augmentation, a été la disparition presque complète du chômage[1]. Ces deux mouvements ont été favorisés par la diminution considérable, par suite de la guerre, de l'immigration, qui a raréfié la main-d'œuvre au moment où l'industrie en avait un si grand besoin. En avril 1916, l'industrie métallurgique et celle de la chaussure, par exemple, employaient respectivement 36 p. 100 et 20 p. 100 de plus d'ouvriers que l'année précédente, à la même date. Or, l'excédent de l'immigration sur l'émigration a été, pour 1915, pour ainsi dire nul : 43.000 individus, contre 262.000 pour 1914, 1.017.000 pour 1913, 646.000 pour 1912[2].

Seul, le Sud ne participait pas à la prospé-

[1]. *The Chronicle*, 6 mai 1916.
[2]. Pour le premier semestre de 1916, l'excédent d'immigration a été supérieur à celui de l'année 1915 : 60.000 individus ; les arrivants viennent du Canada et du Mexique, chassés de ce dernier pays par les troubles. *The Chronicle*, 26 août 1916.

rité générale. Il avait, cependant, mieux supporté la crise, qui l'éprouvait si fortement, qu'on l'avait appréhendé. Les banques locales, aidées par une extension des billets des banques nationales et des dépôts du Trésor fédéral, qui accrurent leurs ressources de plus de 95 millions de dollars, purent suffire à la tâche qui leur incombait. Le « cotton loan fund » était liquidé le 8 février 1915, sans qu'il eût eu à fonctionner [1].

Le mouvement d'exportation du coton reprit à partir de décembre. Quelques envois purent être faits directement à l'Allemagne jusqu'au 8 mars, quand l'Angleterre annonça que les exportations directes seraient confisquées. Mais la masse des envois à destination des Empires centraux se faisait par voie indirecte : Gothenbourg, Rotterdam, Gênes. Le 23 mai, lorsque l'Italie entra à son tour dans la lutte, cette dernière voie fut fermée. Grâce à l'exclusion du coton, jusqu'en août 1915, de la liste des articles déclarés contrebande de guerre, le Sud put envoyer à l'Allemagne, cette

---

[1]. Le Comité ne reçut de demandes de prêts que pour une somme de 28.000 dollars. *The Chronicle*, 13 février 1915.

année-là, les 2/3 de sa consommation normale [1].

Pour la campagne de 1914-15, l'exportation de coton s'éleva à 8.560.000 balles, contre 9.195.000 balles, en 1913-14. Une partie de ce déficit fut compensée par un accroissement de la consommation nationale. A la fin de l'année cotonnière, le Sud avait dû garder, de sa dernière récolte, 3 millions de balles environ [2], quantité bien inférieure à ce que l'on avait redouté. Les prix s'étaient relevés, et avaient atténué d'autant les embarras des planteurs. Au 31 janvier, on cotait 8 c. 45, au 31 mars, 9 c. 80, au 23 avril, 10 c. 60 ; fin juillet, on retombait à 9 c. 30. L'inclusion, par les Alliés, du coton dans la liste des articles déclarés con-

[1]. Envois directs de coton à l'Allemagne. Campagne de 1913-1914 (1ᵉʳ août-31 juillet) : 2.803.000 balles.

	CAMPAGNE	
	1913-14	1914-15
Expéditions à Gothenbourg	500	799
— à Rotterdam	36	521
— à Gênes	244	1.102
	780	2.422

Excédents en 1914-15 sur 1913-14 . . . 1.642 }
Expéditions directes à l'Allemagne } 1.873.000 balles.
jusqu'au 8 mars 1915 . . . . . . 231)

[2]. Edward Ingle : « A year of cotton and other southern crops ». American Review of Reviews, août 1915.

trebande de guerre, affecta tout d'abord les
cours, mais ceux-ci se relevèrent promptement.
A l'automne 1914, une vive campagne avait été
faite pour amener la réduction de l'étendue des
terres ensemencées en coton ; elle avait réussi ;
en outre, par raison d'économie, les planteurs
avaient diminué sensiblement les quantités d'engrais habituellement employées. La récolte de
1915 devait donc être faible ; en septembre, le
rapport officiel déclarait qu'elle ne dépasserait
pas 11 millions de balles. L'effet fut immédiat :
le 30 septembre, on cotait 12 cents, et on clôturait l'année avec le cours de 12 c. 40.

Grâce à cet ensemble de circonstances, le
Sud a échappé aux calamités un instant redou-
tées. A l'automne de 1915, on estimait que les
planteurs avaient pu se libérer des 2/3 des dettes
qu'ils avaient été obligés de contracter l'année
précédente. La diminution de la récolte de 1915,
en même temps qu'un accroissement de la consommation nationale en 1915-1916, par suite
des ordres des Alliés, en textiles et en explosifs,
et l'augmentation des achats du Japon et de la
Russie, *via* Vladivostock, ont eu pour résultat
une forte diminution du stock anormal restant
à la fin de la campagne de 1914-1915. La situa-

tion du Sud, au milieu de 1916, est entièrement différente de ce qu'elle était il y a un an : le Sud voit venir le moment où, lui aussi, il participera à la prospérité générale.

Cette prospérité a eu, naturellement, sa répercussion sur le marché financier. Le Stock-Exchange de New-York n'abolit que le 31 mars 1915 le système des prix minima qui, depuis sa réouverture, régissait toutes les transactions. A ce moment, déjà, commençait à se dessiner un mouvement de spéculation sur les *War stocks*. Ce mouvement allait être facilité par l'abondance et le bas prix de l'argent, qui ont caractérisé l'année 1915. L'argent à vue, *Call money*, coté en janvier 1 3/4 à 2 o/o, ne vit pas jusqu'en juin de cours supérieur à 2 1/2 o/o; en juin, on cota 1 o/o. En juillet, un léger renchérissement se produit, mais dans les quatre mois suivants, on oscille entre 1 1/2 et 2 o/o. Pour l'argent à terme, à 90 jours, après avoir débuté en janvier entre 2 3/4 et 3 o/o, on oscille le reste de l'année autour de 2 3/4 o/o et on clôture à ce chiffre.

Arrêté en mai, le mouvement de spéculation reprend en juillet et va se développant avec une rapidité bientôt dangereuse. En octobre, pour l'enrayer, les banques réduisent leurs avances aux courtiers et ceux-ci réclament à leurs clients des suppléments de couverture. Dans ce mois, qui voit le maximum du mouvement, on traite plus de 26 millions 1/2 d'actions, représentant au pair une valeur de 2.239 millions de dollars, et au cours, 1.942 millions. En 1915, on a traité à la Bourse de New-York plus de 173 millions d'actions, le maximum depuis 1909.

Les cours de quelques *War securities* ont fait des bonds extraordinaires. Les actions de la « Bethleem steel corporation », cotées 46 1/2 en janvier, faisaient 600, leur maximum, le 26 octobre, et finissaient en décembre à 459 1/2. Les actions ordinaires de la « General motors » s'élevaient de 82 à 558 le 9 décembre, et clôturaient à 500. Celles des « Baldwin locomotives works », parties de 40, tombées à 26 5/8 le 3 mars, cotaient 154 1/2 le 23 octobre, et finissaient à 117 7/8. Plus calmes, les ordinaires de la « United States steel corporation », cotées 49 en janvier, montaient à 89 1/2 le 27 décembre et clôturaient à 88 7/8.

La prolongation de la guerre a été pour les Américains une source de prospérité inespérée. L'industrie manufacturière a dû, pour satisfaire aux commandes étrangères, venant pour la plupart du groupe des Alliés, puis, depuis le milieu de 1915, à l'augmentation des demandes du marché intérieur, développer de façon considérable ses moyens de production : ces dépenses ont été supportées sur les bénéfices immédiatement réalisés, grâce aux prix qu'elle a pu exiger. Les agriculteurs de l'Ouest ont, eux aussi, de gros profits, et, si la récolte de 1916 s'annonce malheureusement pour l'Europe comme une récolte médiocre[1], le relèvement des prix compensera pour eu cex déficit. Les planteurs du Sud n'ont pas été aussi favorisés, mais leurs bénéfices ne sont que retardés : la demande de coton, au rétablissement de la paix, sera considérable, et le renchérissement fatal de cette matière première sera une source de graves préoccupations pour le monde entier.

1. Évaluation de la récolte de 1916; rapport du département de l'agriculture du 1ᵉʳ septembre. *The Chronicle*, 9 septembre 1916.

	Millions de bushels.
Blé	611
Maïs	2.710
Avoine	1.231
Orge	184
Seigle	42
TOTAL	4.778

Ces effets remarquables de la guerre européenne sur la situation économique des États-Unis méritaient d'être examinés avec quelque détail. Ils ont développé chez les Américains des ambitions latentes jusqu'ici, dont ils vont pouvoir maintenant, plus tôt qu'ils ne l'espéraient, hâter la réalisation. Ces conséquences n'auront pas d'effet seulement au point de vue économique : elles ne manqueront pas d'exercer une grande influence sur la direction de la politique extérieure.

CHAPITRE III

LES CONSÉQUENCES ÉCONOMIQUES ET POLITIQUES DU CONFLIT EUROPÉEN POUR LES ÉTATS-UNIS

Le conflit européen a eu, nous venons de le voir, une répercussion violente, économique et politique, sur les États-Unis. C'est à grand'peine qu'ils ont pu, jusqu'ici, se tenir à l'écart de la tourmente. Les Américains éclairés sentent leur pays entraîné rapidement vers des destinées qu'ils n'osaient entrevoir, malgré leurs ambitions légitimes, que dans une période encore éloignée, et vers des dangers nouveaux, dont ils espéraient que l'Union serait sauvegardée par sa situation géographique et par sa politique traditionnelle, exclusivement américaine. Ces questions sur les changements nécessaires à apporter à la politique économique et à la politique extérieure, qui se posent dès à présent, comme les conséquences inévitables du cataclysme qui secoue le monde entier et le laissera profondément transformé, ont été l'objet de nombreuses discussions pendant ces derniers mois dans les milieux économiques et intellectuels américains. Dans quel esprit a-t-on abordé l'étude, dans quel sens paraît-on s'orienter pour la solution à leur donner? c'est ce que nous allons essayer de dégager.

Un instant étourdie par la menace de crise financière qui suivit l'éclatement soudain de la guerre européenne, l'opinion américaine se ressaisit promptement. La crise conjurée, le fait que, contre toute attente, la guerre serait de longue durée, laissait entrevoir la possibilité de réaliser des espérances caressées depuis quelques années déjà, mais regardées jusqu'alors comme à longue échéance. Les relations commerciales des grandes nations exportatrices d'articles manufacturés étaient ou arrêtées : c'était le cas pour l'Allemagne, ou profondément troublées : il en était ainsi pour l'Angleterre et la France. L'occasion s'offrait aux États-Unis de prendre leur place sur les marchés qu'elles approvisionnaient. Elle se présentait à un moment singulièrement propice. Jusque dans les dernières années du dix-neuvième siècle, l'industrie américaine s'était essoufflée, sans y parvenir, pour arriver à satisfaire aux besoins d'un marché national toujours accru par le développement de la population, dû pour une grande part à l'immigration d'Europe. Depuis une quinzaine d'années, cependant, l'exportation des articles manufacturés prêts à être consommés[1] a crû rapidement : pour la période quinquennale 1895-1899, la moyenne annuelle n'était que de 129 millions de dollars; pour la période 1900-1904, elle n'était encore que de 215 millions, mais en 1913, l'exportation de ces articles atteignait 486 millions. Dans la période 1895-1899 ces articles n'entraient que pour 12,4 p. 100 dans le chiffre des exportations totales; en 1900-1904, ils en représentaient 15,3 p. 100, et en 1913, 20 p. 100[2]. Dans plu-

1. Les statistiques douanières comprennent dans les articles manufacturés prêts à être consommés les huiles minérales raffinées, et le cuivre, exporté pour la plus grande part en lingots et en barres; nous avons déduit ces deux catégories dans les chiffres que nous donnons.
2. En 1915, l'exportation de ces articles s'est élevée à 1.010 millions de dollars, représentant 29 p. 100 des exportations totales.

sieurs branches de l'industrie américaine : outillage mécanique, chaussures, cotonnades, par exemple, la production dépassait maintenant de façon régulière les besoins nationaux, et il avait fallu se préoccuper de s'assurer pour cet excédent des débouchés au dehors.

Deux marchés avaient attiré particulièrement l'attention des Américains : la Chine septentrionale, où l'industrie cotonnière avait trouvé pour certains de ses produits un important débouché et où les industriels de l'Est auraient, sur leurs concurrents d'Europe, un important avantage, après l'ouverture du canal de Panama, et l'Amérique latine. Des raisons politiques, le vif désir de lier plus étroitement les Républiques centre et sud-américaines aux États-Unis, par le développement d'un ensemble d'intérêts communs, fortifiaient ici les visées économiques.

Les espérances caressées furent contrariées tout d'abord par une amère déconvenue. Les Américains n'avaient pas réalisé jusqu'alors, dans le cours rapide de la vie normale, à quel point ils étaient tributaires de la vieille Europe pour nombre de produits indispensables, matières premières pour beaucoup de leurs industries. Allaient-ils donc se voir entravés, au moment même où s'ouvrait à eux la possibilité d'expansion si impatiemment attendue? L'appréhension fut vive, surtout au sujet des articles que l'on tirait d'Allemagne : l'industrie métallurgique lui demandait le ferro-manganèse; l'industrie textile était sa tributaire pour les teintures d'aniline; l'industrie électrique pour certains filaments métalliques; l'industrie des produits chimiques et de la droguerie pour un grand nombre des matières premières qui lui étaient indispensables; les industries des engrais chimiques, des allumettes, de la verrerie, des savons se voyaient brusquement privées de la potasse naturelle, élément essentiel de leur fabrication[1]. La gêne fut très grande, et il a fallu de sérieux efforts pour la surmonter; mais c'est chose réalisée, au moins en partie, à présent.

Une autre déception succéda à celle-ci. Les exportations vers la Chine et l'Amérique latine, au lieu de se développer, allèrent, au contraire, en déclinant tout d'abord. Pour 1913, elles avaient été de 261 millions; en 1914, elles tombèrent à 182 millions, et bien que, en 1915,

1. *The Nation*, 27 août 1914.

elles se soient relevées, elles n'ont cependant atteint que 244 millions[1]. Pour la Chine et le Mexique, la persistance des troubles intérieurs est la cause de cette baisse. Pour l'Amérique Centrale et du Sud, elle était due à la crise résultant pour ces pays de la façon brusque dont leurs banquiers ordinaires : l'Angleterre, la France, l'Allemagne avaient dû interrompre les crédits qui servent d'assise à leur développement économique; leurs facultés d'achat s'étaient trouvées brusquement réduites. Ainsi, c'est vers l'Europe, et non vers les marchés qu'ils avaient ambitionné de conquérir, que les États-Unis virent augmenter avec une rapidité extraordinaire leurs exportations d'articles manufacturés.

Mais cet essor est dû à des causes exceptionnelles; on ne peut le regarder comme devant être de longue durée. Et comme, à présent : « On ne peut plus parler du commerce exté-

[1]. Exportations (millions de dollars) :

Vers :	1913	1914	1915
Chine	26.8	21.2	21
Mexique	48.0	33.2	41
Amérique Centrale et du Sud	119.6	127.8	182
	294.4	182.2	244

rieur, comme d'un simple élément accessoire de la prospérité domestique, et que le fait doit être reconnu qu'il ne peut plus y avoir de prospérité stable pour les États-Unis que s'ils sont capables d'exporter en quantités importantes leurs articles manufacturés[1] », l'étude des moyens nécessaires pour assurer le développement de cette exportation préoccupe les esprits. La « National Association of Manufacturers », l'« American manufacturers' export Association », la « Chamber of Commerce of the United States », créée en 1912, le « National foreign trade Council », constitué en 1914, la « Federal trade Commission », issue d'une loi de septembre 1914, ont activement discuté cette vaste et difficile question, qui a fait le thème de nombreux discours à toutes les réunions d'hommes d'affaires[2]. Et, au mois de mai 1915, une « Con-

---

1. M. James A. Farrell, président de la « United States steel Corporation », à la troisième convention nationale pour le développement du commerce étranger, à la Nouvelle-Orléans, janvier 1915. *The Chronicle*, 29 janvier 1916.
2. L'« American Academy of political et social science » a consacré à cette question trois numéros de sa revue mensuelle. *The Annals of the...* : « The American industrial opportunity », mai ; — « America's interests as affected by the European war », juillet ; — « America's interests after the European war », septembre 1915.

férence financière pan-américaine », réunissait à Washington des représentants officiels et des hommes d'affaires des États-Unis et des Républiques latino-américaines, pour examiner les moyens de développer les relations économiques entre ces pays [1]. Les Américains se sont mis à l'œuvre avec ardeur, bien décidés à profiter des avantages que doit leur procurer la guerre européenne : « Une rare combinaison de circonstances nous favorise, — dit M. W. S. Kies, de la « National City bank » — étant donnés les réajustements importants qui se produiront dans les relations commerciales entre de nombreuses nations, comme conséquence du conflit actuel, l'occasion se présente pour ce pays de construire, dans les prochaines années, des bases solides pour un commerce extérieur avantageux, de grandes proportions [2]. »

Ces études et ces discussions ont mis en lumière les lacunes qui existent dans l'organisa-

[1]. Cette conférence avait institué une commission permanente, dont l'institution a été confirmée à une réunion de délégués de la conférence initiale, tenue à Buenos-Ayres en avril 1916. Il a été décidé de réunir régulièrement à l'avenir, tous les deux ans, une conférence financière pan-américaine ; la prochaine se tiendra à Washington, en 1917.
[2]. « American industrial opportunity » : *op. cit.*, mai 1915.

tion économique des États-Unis et les perfectionnements qu'il faudra y apporter pour qu'ils puissent prendre, sur les marchés extérieurs, la place qu'ils ambitionnent.

Les banques n'ont, jusqu'ici, prêté qu'une assistance financière précaire au commerce d'exportation. On leur demande de consacrer, à l'avenir, une part de leur activité à aider de façon soutenue ces entreprises. A la veille même de la guerre, les auteurs de la loi récente sur la réforme bancaire, le « Federal reserve Act », avaient levé les entraves légales qui empêchaient les banques nationales de se livrer à ces opérations. Ces banques sont maintenant autorisées à accepter des traites ayant pour objet l'importation ou l'exportation de marchandises, jusqu'à concurrence du montant de leur capital et de leurs réserves. La généralisation du système des acceptations, presque inconnu jusqu'ici aux États-Unis, permettra de régler un grand nombre d'affaires à New-York même, au lieu d'être obligé de passer par l'intermédiaire des banques anglaises, comme précédemment. Cette innovation a reçu très vite un développement intéressant : on évalue déjà aux environs de 120 à 150 millions de dollars le montant des acceptations ainsi souscrites par les banques nationales et les Compagnies de trust de New-York[1].

La loi de décembre 1913 a également donné le droit aux banques nationales d'ouvrir des succursales à l'étranger. Deux banques : la « National City bank of New-York », et la « Mercantile bank of the Americas » avaient ouvert, dès l'année dernière, les premières succursales dans l'Amérique latine : à Buenos-Ayres et à Rio-de-Janeiro, et la première vise à créer un réseau de succursales s'étendant sur toute l'Amérique Centrale et du Sud, et les Antilles. La plus grande difficulté rencontrée a été la pénurie du personnel, mais cette banque s'est déjà mise à l'œuvre pour en former un. Une des tâches principales de ces agences sera d'étudier les opportunités qu'offre au commerce américain la région où elles seront établies ; un expert commercial sera, dans ce but, adjoint à leur état-major. Le marché sud-américain n'attire d'ailleurs pas seul l'attention des financiers

---

[1]. En avril 1914, la législature de l'État de New-York a autorisé les banques incorporées dans cet État à accepter des traites ayant pour objet des transactions commerciales avec l'étranger ou purement nationales.

et des industriels des États-Unis. Le marché russe a été, de leur part, l'objet d'une attention particulière; ils y prévoient, dans un avenir prochain, une source accrue de débouchés, qu'ils entendent ne pas négliger. Ils n'abandonnent pas non plus, dans leurs prévisions, les marchés d'Extrême-Orient. Bien qu'ils aient eu des déceptions de ce côté, et qu'ils apprécient à sa valeur la concurrence du Japon, aidé sur le marché chinois par la proximité et la similitude de race, ils ne renoncent pas à conquérir une place importante dans cette région. Un établissement financier, l'« International banking Corporation », créé sous les auspices de la « Nationale City bank of New-York », avec laquelle il a des rapports étroits, y a fondé depuis quelque temps déjà un important réseau de succursales.

Le gouvernement fédéral se prépare aussi à aider les industriels et les commerçants dans leurs efforts d'expansion. Le Secrétaire du Commerce a demandé à ce sujet, dans son dernier rapport (décembre 1915) des suppléments de crédit pour le développement du « Commercial agent service », chargé d'étudier les débouchés possibles à l'étranger pour les branches de l'industrie américaine les mieux préparées à devenir exportatrices, et pour l'augmentation du nombre des attachés commerciaux, service nouveau, créé en octobre 1914, et dont on veut porter les agents de 7 à 17, de façon à lui faire couvrir « pratiquement le monde entier ».

Les hommes d'affaires, dans le but de grouper au plus vite les activités prêtes à s'employer pour le développement du commerce extérieur, resté jusqu'ici à l'arrière-plan, créaient, dès le mois de novembre 1915, l'« American international Corporation », au capital de 50 millions de dollars. En février suivant, un bill était soumis au Congrès pour l'incorporation d'une société analogue, « The American and foreign trade Company », dont le capital pourra être porté jusqu'à 100 millions de dollars[1].

Enfin, une campagne était entamée pour obtenir l'amendement de la loi contre les trusts, le « Sherman act » de 1890, en vue d'autoriser les ententes entre industries de même nature pour leurs opérations ayant pour objet les marchés

---

1. Dans cette dernière Société, bien que, pas plus que dans la précédente, aucun contrôle, ni aucune participation financière du gouvernement ne soient prévus, les Secrétaires de la guerre et de la marine seraient *ex officio* membres du Conseil; c'est une clause bizarre. *The Chronicle*, 4 mars 1916; p. 836.

étrangers, ententes actuellement prohibées [1].

Parmi les organes déclarés nécessaires pour assurer le développement du commerce extérieur, il en est un dont l'absence a été particulièrement mise en évidence par la guerre actuelle : c'est le défaut d'une marine marchande nationale, mettant les États-Unis en relations directes et régulières avec les marchés étrangers. Les États-Unis transportent 8 p. 100 seulement de leur commerce maritime sous leur propre pavillon, et leur marine marchande affectée à ce commerce, d'à peine 1 million et demi de tonneaux, ne vient qu'au sixième rang. Dès le 18 août 1914, une loi spéciale avait été votée pour inciter à nationaliser les navires appartenant à des Sociétés ou à des citoyens américains, et naviguant sous pavillon étranger, mais elle n'a eu qu'un médiocre résultat. En mai 1916, le bénéfice n'en avait été demandé que pour 600.000 tonneaux. La hausse des frets, qui a rendu si profitable l'industrie des transports maritimes, a eu, cependant, pour conséquence, un important développement des constructions navales. Les conditions économiques ont été, depuis un demi-

---

1. *The Chronicle*, 12 août 1916, p. 524.

siècle, contraires au développement de la marine marchande américaine : le marché intérieur accaparant l'activité d'entreprise et les capitaux disponibles qui y trouvaient un rendement plus rémunérateur que dans la navigation de concurrence, tandis que l'élévation des salaires augmentait dans des proportions considérables le coût de construction et les frais d'exploitation. La conférence financière pan-américaine a déclaré que « l'amélioration des transports maritimes directs » — à peu près inexistants actuellement, — « entre les pays composant l'Union pan-américaine est d'une nécessité vitale et impérative ». M. Woodrow Wilson, très impressionné par les embarras causés aux États-Unis, au début de la guerre, par le manque d'une marine nationale affectée au commerce étranger, décida de recourir à l'État. Il a soutenu avec vigueur, malgré une forte opposition, un projet dans ce but, devenu loi, après avoir subi de nombreux amendements, le 7 septembre 1916. Le « Ship purchase Act », établit un « shipping Board » de cinq membres, qui disposera d'un crédit de 50 millions de dollars en vue de faire construire et d'acheter des navires marchands susceptibles d'être utilisés comme navires auxiliaires par la marine de guerre. Le « Board » pourra louer ou vendre ces navires à des citoyens américains. Il a également le droit d'établir des lignes de navigation avec l'Amérique du Sud ou d'autres pays, et il pourra les exploiter lui-même, pendant une période de cinq années après la fin de la guerre européenne, à défaut d'entreprises privées [1].

[1]. Cette loi introduit un changement radical dans la politique suivie jusqu'ici à l'égard de la marine marchande : elle permet aux navires achetés par le gouvernement, qu'ils soient construits à l'étranger ou aux États-Unis, de se livrer au commerce du cabotage. Elle donne également au « Shipping Board » des pouvoirs analogues, quoique beaucoup moins étendus, à ceux de l'« International commerce commission », en ce qui concerne l'industrie des transports par eau dans le commerce entre États pour réglementer les tarifs. L'achat des navires appartenant à des nations belligérantes est prohibé par la loi. *The Chronicle*, 26 août et 9 septembre 1916.

Au moment même où il adopte des projets pour ranimer la marine marchande destinée aux transports avec l'étranger, le Congrès vote des mesures qui viennent accroître les difficultés de la concurrence dans cette industrie. Le « Seaman's Act » du 4 mars 1915, qui a pour principal objet l'application des recommandations de la Conférence internationale de Londres de janvier 1914, pour assurer la sécurité en mer, contient quelques clauses ayant en vue la protection spéciale des marins, nationaux ou non, montant les navires américains, qui augmenteraient encore le coût de l'armement par rapport aux nations concurrentes. Voir, Philip B. Kennedy : « The Seaman's Act », *Annals of the American Academy of political and social science*, janvier 1916.

Les Américains s'empressent, on le voit, à créer les organes nécessaires pour le développement de leur commerce extérieur. Ils travaillent aussi à préparer les hommes qui leur manquent encore pour exploiter ce champ nouveau d'activité ; les écoles techniques, les universités ont déjà orienté leurs programmes dans cette direction.

Dominant toutes ces mesures, qui ont pour objet le développement des facilités de crédit, la connaissance des marchés étrangers, l'accroissement des moyens de transport maritimes il est une condition qui seule pourra assurer aux États-Unis la permanence d'un grand développement commercial : l'exportation des capitaux.

Les États-Unis se sont vus, avec un légitime orgueil, devenir en quelques mois, « pour la durée de la guerre, tout au moins, le centre de la puissance financière du monde[1] ». Ils ont déjà réimporté la moitié, estime-t-on, des valeurs qu'ils avaient placées en Europe. Non seulement ils ont prêté aux pays belligérants : Angleterre, France, Russie, Canada, mais les pays neutres mêmes, qui jusqu'alors avaient coutume

1. *The New-York Evening Post*, mai 1915.

de s'adresser à Londres et à Paris, ont eu recours
à leur aide. Les banques américaines, et, par
leur intermédiaire, le public, prennent l'habitude
des opérations de crédit internationales, auxquelles, jusqu'alors, la place de New-York était
demeurée à peu près étrangère. L'ensemble de
ces prêts, auxquels s'ajoutent les ouvertures de
crédits privées, atteint déjà, dépasse sans doute,
2 milliards de dollars, et la prolongation de la
guerre en amènera l'extension. Une partie des
opérations internationales, qui se liquidaient
jusqu'ici par l'intermédiaire de la place de Londres, se liquident maintenant à New-York: le
dollar a pris place, dans les transactions commerciales, à côté de la livre sterling. Un si important et si soudain changement : hier, encore, les
États-Unis figuraient au nombre des nations
débitrices, est bien fait pour donner naissance à
de grands espoirs.

La prédiction hâtive de M. John Hay, en 1902,
que la crise financière de 1907 vint si brutalement démentir : « La nation débitrice est devenue la principale nation créancière. Le centre
financier du monde, qui a mis des milliers d'années pour voyager des rives de l'Euphrate aux
rives de la Tamise et de la Seine, semble passer

aux rives de l'Hudson entre l'aurore et le crépuscule[1] »; cette prédiction serait-elle enfin réalisée ? Beaucoup le croient, mais les esprits réfléchis ne pensent pas que des changements pareils puissent s'effectuer avec une telle facilité : « Beaucoup semblent croire que New-York va remplacer Londres comme le centre financier du monde, — dit M. Thomas W. Lamont, associé de la maison J. P. Morgan and C°. — Pour devenir le centre financier du monde, nous devons en être, tout d'abord, le centre commercial. C'est certainement une possibilité. Est-ce une probabilité ? Le temps seul nous l'apprendra. Personnellement, je présume que, bien que, après la guerre, ce pays doive être plus important financièrement qu'il ne l'a jamais été avant, il se passera cependant de nombreuses années encore avant que l'Amérique, même avec ses merveilleuses ressources, son énergie et sa réussite, devienne le centre financier du monde[2]. » La prolongation de la guerre accroît singulièrement les chances des États-Unis à cet égard.

1. Éloge du président Mac Kinley, 27 février 1902.
2. « The effect of the war on America's financial position », *Annals of the American Academy of political and social science*, juillet 1915.

Mais leur sera-t-il possible, la paix revenue, de remplir le rôle qui va leur incomber : prêter à l'Europe pour l'aider à réparer ses dommages, aux pays neufs et aux pays en voie de transformation, comme la Chine, pour constituer leur outillage économique, et subvenir en même temps à leurs besoins personnels ? Ces besoins sont considérables : on estime que les chemins de fer seuls auront besoin, pour rembourser leurs obligations à court terme venant à échéance, d'au moins 1 milliard de dollars de capital nouveau pendant les cinq prochaines années, à quoi il faudra ajouter les capitaux qui seront nécessaires pour le développement du réseau ferré et pour les sociétés industrielles[1]. Cette population d'environ cent millions d'individus a, il est vrai, une puissance de production considérable : son revenu total, tiré d'occupations productives, est évalué à 30 milliards de dollars par an, et l'excédent annuel disponible pour le développement des entreprises, à 5 milliards[2].

1. Joseph French Johnson : « United-States home demand for capital »; *Annals of the American Academy of political and social science*, juillet 1915.
2. J. S. Williams, contrôleur de la circulation, à l'Association des banquiers du Kentucky, 6 octobre 1915; *The Chronicle*, 9 octobre 1915.

Les États-Unis pourront donc continuer à jouer le rôle de prêteur international, et New-York prendra désormais place à côté de Londres et de Paris.

Mais une question plus immédiate se pose pour les Américains : que se passera-t-il au lendemain de la guerre ; comment se présentera la période de réorganisation, après trois années d'un trouble aussi profond ? La guerre a été pour eux la cause de bénéfices considérables ; doivent-ils se préparer à faire face à une crise lors du rétablissement de la paix ? Il y a quelque six mois, les hommes d'affaires n'étaient pas sans inquiétude à ce sujet ; à présent, devant la perspective de la continuation des hostilités pour une longue période encore, cette inquiétude a presque disparu. Pendant les deux ou trois années qui suivront immédiatement la paix, l'Europe, en voie de reconstitution, ne devra-t-elle pas continuer à demander aux États-Unis une grande quantité d'articles manufacturés ? Sans doute, le caractère de ces articles changera et l'industrie américaine devra modifier sensiblement sa production actuelle, mais cette transformation lui sera facilitée par les bénéfices réalisés, et elle disposera d'un outillage qu'elle aura amorti avec ces bénéfices mêmes. Une fois reconstituée, l'Europe, vraisemblablement, devra réduire pendant un temps ses importations : il lui faudra ménager ses ressources pour faire face aux lourdes charges financières que la guerre laissera après elle, et, en même temps, elle s'efforcera d'accroître ses exportations. La concurrence deviendra plus âpre. Comment l'industrie américaine se comportera-t-elle vis-à-vis de l'industrie des vieilles nations européennes, qui aura été, sans doute, grandement modifiée par la guerre, dans ses méthodes et ses procédés ? Nombre d'industriels américains redoutent les avantages que continuera à donner à leurs concurrents, pensent-ils, la main-d'œuvre à bon marché d'Europe. C'est pour se protéger contre elle qu'ils avaient dressé ces tarifs douaniers, si exagérément élevés, auxquels une légère brèche a été faite par le tarif de 1913, adopté par les démocrates dès leur retour au pouvoir. Déjà, un mouvement se dessine pour demander un retour aux droits abandonnés[1]. Les craintes des Américains sont

---

1. Le « War revenue Act », du 8 septembre 1916, a créé une commission douanière, — « Tariff commission », — dont il était question depuis plusieurs années déjà. Cette com-

elles fondées ? La raréfaction de la main-d'œuvre amènera certainement en Europe un fort relèvement des salaires, auquel s'ajoutera le poids de lourds impôts; les prix de revient seront donc très sensiblement accrus, et seul, un développement important de l'outillage mécanique pourra atténuer l'effet de ces causes de relèvement. Mais la question de la main-d'œuvre se posera probablement aussi, et de façon sérieuse, aux États-Unis mêmes, suivant le tour que prendra l'immigration. Déjà, la presque interruption de celle-ci pendant la guerre a eu sa répercussion sur les salaires. Les populations d'Europe, chargées d'impôts, préféreront-elles, au retour de la paix, abandonner le vieux pays

mission de six membres, dont trois au plus doivent appartenir au même parti politique, aura pour tâche d'étudier les lois douanières au point de vue de leurs effets administratifs, fiscaux et économiques. Elle devra également renseigner le Congrès sur la politique douanière des pays étrangers, l'effet des traités de commerce, des clauses préférentielles, des alliances économiques. Il semble qu'un mouvement commence à se dessiner dans certains milieux industriels américains en faveur d'arrangements commerciaux, même de traités de commerce, politique à laquelle les États-Unis se sont montrés jusqu'ici obstinément rebelles. La continuation d'une entente économique après la guerre, entre les pays alliés, pourra peut-être donner une impulsion sérieuse à ce mouvement, encore embryonnaire.

et aller chercher dans les pays neufs une vie nouvelle, ou au contraire, verra-t-on s'opérer un reflux des immigrants de fraîche date vers leur pays d'origine, sollicités par le relèvement des salaires qui s'y produira ? Les pronostics à ce sujet sont impossibles. La façon dont s'établiront alors les courants d'émigration aura une grande importance pour les États-Unis.

Quoi qu'il en soit, la guerre européenne aura précipité la transformation économique qui s'opérait aux États-Unis et tendait à donner de plus en plus la prédominance à l'industrie manufacturière sur l'industrie agricole. Cette transformation est aujourd'hui accomplie. Les États-Unis, au lendemain de la guerre, seront au premier rang des concurrents industriels sur le marché international. Ils engageront la lutte avec des éléments importants de succès. Et, en même temps, ils prendront place à côté des vieilles nations capitalistes d'Europe comme exportateurs de capitaux, se trouvant ainsi portés, presque d'un seul coup, au stade le plus élevé dans la vie économique des nations.

Ces transformations économiques, ces visées nouvelles ne peuvent manquer d'avoir leur répercussion sur la politique étrangère des États-Unis. Déjà, depuis la décision prise par le gouvernement américain d'achever le canal de Panama, d'ouvrir au commerce mondial cette grande voie de communication, la question de la politique extérieure a donné lieu à d'intéressants débats. L'opportunité, la possibilité même de demeurer fidèle à la politique traditionnelle d'isolement avait été mise en question. Des esprits avisés voyaient l'ouverture du canal comme un événement capital dans l'histoire américaine, d'où daterait une évolution irrésistible et rapide dans leurs rapports avec les autres nations. La guerre va précipiter cette évolution. Les États-Unis vont se trouver dans la nécessité d'opter entre plusieurs politiques : tâche ingrate pour les hommes investis de la direction des destinées du pays, puisque bien peu parmi eux ont eu l'occasion d'étudier de façon particulière ces difficiles problèmes de la politique internationale, et que l'opinion publique, trop absorbée jusqu'ici par le développement de la vie intérieure, en est restée à peu près complètement ignorante.

La politique d'isolement s'est imposée aux États-Unis comme une règle de prudence nécessaire, dès le moment de leur naissance. Elle est apparue aux colons émancipés comme une conséquence naturelle de la séparation physique, tellement plus frappante alors par la pénurie et la lenteur des moyens de communication, que l'Océan Atlantique creuse entre eux et l'ancien monde. Thomas Pownall la donnait, dès 1781, comme un principe fondamental de la politique des jeunes États-Unis : « Comme la nature les a séparés de l'Europe et les a établis souverains sur un grand continent, éloigné du vieux monde et de ses intérêts emmêlés, il est contraire à la nature de leur existence, et, par suite, de leur intérêt, qu'ils aient avec l'Europe des rapports purement commerciaux[1]. » C'est ce que répétait Washington à ses concitoyens, dans son Adresse d'adieu (1796), toujours citée avec respect : « Notre grande règle de conduite à l'égard des nations étrangères doit être, tout en développant nos relations commerciales, de

---

1. *Memorial to the Sovereigns of America.*

n'avoir avec elles que le moins de rapports politiques possibles. » Jefferson, dont l'influence a marqué non moins profondément l'histoire américaine, avait sur ce point la même opinion : « Déterminés comme nous sommes, — écrivait-il à Thomas Paine, au lendemain de son inauguration, — à éviter, s'il est possible, de gaspiller les énergies de nos populations dans la guerre et la destruction, nous devons éviter de nous lier avec les puissances d'Europe, même pour aider à la propagation des principes que nous poursuivons. Elles ont un si grand nombre d'intérêts différents des nôtres, que nous devons éviter d'être pris au milieu d'eux. »

Ces sentiments ne purent que s'accentuer lorsque les colons ayant commencé des établissements à l'ouest des Alleghanys, les États-Unis devinrent, de puissance maritime, puissance continentale. L'idée, demeurée jusqu'alors, quelque peu nébuleuse, se cristallisa, que le nouveau monde et l'ancien se développent dans des sphères indépendantes, et que le nouveau, où s'élabore une société démocratique qui doit montrer la voie aux vieilles sociétés d'Europe, doit interdire à celles-ci d'étendre leur système politique sur aucune portion de ce continent. Il appartint à Monroe de donner une expression publique à ces idées dans son célèbre message de 1823, et d'attacher son nom au principe qui a dominé jusqu'à présent la politique américaine, et dont la formule fut émise officiellement pour la première fois par le président Grant : « Le temps n'est pas bien loin où, par le cours naturel des événements, tout lien politique entre l'Europe et ce continent cessera d'exister!. »

Cependant, en 1850, les États-Unis avaient dérogé au principe de la politique des deux sphères. Dans son désir de voir construire au plus tôt le canal interocéanique, et son appréhension que l'Angleterre s'assurât la suprématie, qu'il n'était pas en état de lui disputer dans cette région, le gouvernement américain accepta, dans le fameux traité Clayton-Bulwer, l'idée de la construction du canal en commun, par les deux pays, et du principe de la garantie internationale de sa neutralisation. Mais, au lendemain de la guerre de Sécession, d'où l'Union sortait définitivement consolidée, l'opposition se développa rapidement contre ce traité et l'abandon de la politique traditionnelle

1. Cité par Archibald Cary Coolidge, les États-Unis puissance mondiale, p. 129.

qu'il consacrait. « La politique de ce pays, disait le président R. B. Hayes, en 1880, — est un canal sous la domination américaine. Les États-Unis ne peuvent consentir à l'abandon de sa domination, soit à une puissance européenne, soit à une alliance d'un certain nombre de puissances européennes... Ce canal sera la grande voie maritime entre nos rivages de l'Atlantique et du Pacifique, et il formera virtuellement une partie de la frontière maritime des États-Unis. » En 1895, M. Richard Olney, secrétaire d'État, à l'occasion de la querelle avec l'Angleterre au sujet de l'incident de frontière du Venezuela, exprimait avec un orgueil brutal l'idée qu'avaient maintenant les Américains de leur puissance : « Les États-Unis sont pratiquement souverains sur ce continent et leur volonté fait loi dans les matières pour lesquelles ils jugent devoir s'interposer. Pourquoi?... Parce que leurs ressources illimitées, jointes à leur isolement, les rendent maîtres de la situation et pratiquement invulnérables contre l'entreprise de toute autre puissance... »

La guerre faite à l'Espagne, en 1898, pour libérer les Cubains du joug espagnol, permit aux États-Unis de réaliser leur ambition à l'égard du canal interocéanique, et d'évincer de leur continent une des puissances européennes qui s'y sont attardées. En même temps, elle a marqué leur entrée dans la voie de l'expansion extra-continentale, au moment où leur expansion intérieure venait de prendre fin. Par le traité de Paris, qui clôturait cette guerre, l'Espagne vaincue cédait aux États-Unis l'île de Porto-Rico, dans les Caraïbes. Elle abandonnait sa souveraineté sur la Perle des Antilles, et les États-Unis aidaient à l'édification de la République cubaine; mais, soucieux d'éviter des complications internationales nouvelles, ils imposaient à celle-ci un protectorat de fait, en même temps qu'ils se faisaient donner par elle le droit d'établir des stations navales sur son territoire. Ces conséquences de la guerre ne surprirent pas. Il en fut autrement de la décision prise par le gouvernement américain, au cours même des négociations de paix, de réclamer à l'Espagne l'archipel des Philippines, auquel, jusqu'alors, il n'avait pas songé. En même temps, il se faisait céder l'île de Guam, station intermédiaire entre cet archipel et celui des Hawaï, sur lequel depuis un quart de siècle il prétendait à une situation particulière, à cause de sa proximité de la côte occidentale des États-Unis, et qu'il avait annexé au début de la guerre. Ces acquisitions dans le Pacifique furent complétées peu après par l'annexion de l'île de Tutuila. Cette île, dotée d'un port naturel magnifique, lui échut lorsque, en 1899, la continuation du *tridominium* : Allemagne, Angleterre, États-Unis sur l'archipel des Samoa devenant impossible, il fallut procéder au partage.

Dans un message de décembre 1898, le président Mac Kinley exposait la conséquence la plus pressante de ces changements considérables dans la situation des États-Unis : « La construction d'un canal interocéanique est devenue plus que jamais indispensable... et notre politique nationale exige maintenant plus impérieusement que jamais que ce canal soit dominé par notre gouvernement. » Trois ans plus tard, les États-Unis obtenaient satisfaction. L'Angleterre acceptait l'abrogation du traité Clayton-Bulwer. Les États-Unis étaient chargés seuls maintenant d'assurer la neutralité du futur canal, que la création de la nouvelle République de Panama, placée dès sa naissance sous leur protectorat, leur permettait de construire, suivant leur désir, en territoire américain. « Le traité Hay-Pauncefote, — dit un historien américain, John Holladay Latané — a marqué un point tournant dans l'histoire des Indes occidentales, en ce qu'il a été la reconnaissance formelle du transfert de la suprématie navale dans les Caraïbes, de la Grande-Bretagne aux États-Unis [1]. » Aucune puissance européenne ne protesta contre la situation qu'il consacrait.

La politique des États-Unis vis-à-vis de l'Amérique latine fut la première affectée par le fait de l'ouverture, prochaine maintenant, du canal interocéanique. Il leur fallait assurer la sécurité du canal et se prémunir contre l'éventualité de la construction d'une voie rivale qui échapperait à leur souveraineté. Les défenses terrestres sont insuffisantes pour la protection efficace du canal : il faut garder ses entrées à distance. Du côté du Pacifique, les Hawaï sont un excellent poste avancé, mais il est, beaucoup plus près du canal, un groupe d'îles, les Galapagos, sur la côte du Pérou, qui pourraient servir éventuellement de base pour une action hostile, aussi le gouvernement américain a-t-il tenté à

[1]. *Annals of the American Academy of political and social science* juillet 1914 ; p. 84.

plusieurs reprises, sans succès jusqu'ici, de les acheter. Du côté de l'Atlantique, Cuba et Porto-Rico maîtrisent un des grands passages ; il en est un autre, à l'égard duquel les Antilles danoises occupent une situation dominante. Les États-Unis ont réussi à réaliser un dessein longuement caressé. Un traité d'achat signé le 4 août 1916 à Washington, a été ratifié le 7 septembre par le Sénat américain ; un plébiscite danois l'a ratifié en décembre 1916 et la cession sera bientôt un fait accompli[1].

Ces acquisitions n'enlèvent pas tout sujet d'inquiétude aux États-Unis. Il est, autour des Caraïbes, des républiques indépendantes, dont le mode d'existence constitue pour leur influence un danger permanent. Les biens, la vie même des Européens sont en péril fréquent dans ces pays, où l'état révolutionnaire est le régime normal. De là, des causes d'intervention légitime de la part des nations européennes, et la crainte pour les États-Unis des conséquences

---

1. Un traité de vente de ces îles aux États-Unis avait déjà été conclu en 1902, et le Sénat américain l'avait ratifié. Accepté par la Chambre basse du Parlement danois, il avait été repoussé par la Chambre haute : cet échec avait été attribué, non sans apparence de raison, aux intrigues allemandes.

de pareilles interventions. Cette crainte a eu pour résultat une extension nouvelle de la doctrine de Monroe, toujours la même dans son but : la protection des intérêts américains, et nécessairement variable dans son expression, par l'obligation de l'adapter aux changements politiques.

La doctrine de Monroe, comme l'a formellement reconnu le président Roosevelt [1], déclare simplement qu' « il ne doit y avoir aucun agrandissement territorial par une puissance non-américaine aux dépens d'une puissance américaine, ou d'un territoire américain », mais « elle ne garantit aucun État contre la punition s'il se conduit mal, pourvu que cette punition ne prenne pas la forme d'une acquisition de territoire par une puissance non-américaine ». L'action commune de la Grande-Bretagne, de l'Allemagne et de l'Italie, en 1902, contre le Venezuela, pour obtenir la réparation de dommages causés à leurs citoyens, montra au gouvernement américain la nécessité d'éviter ces interventions, susceptibles d'ouvrir la voie à un établissement, réputé temporaire, dans un

1. Message annuel, décembre 1901.

site bien choisi. Un seul moyen s'offrait aux États-Unis : veiller sur la conduite de ces nations indisciplinées. Ils n'ont pas hésité à assumer cette tâche : « Tout pays dont la population se conduit bien, — disait M. Roosevelt, en s'adressant à ces Républiques, dans son message de 1904, — peut compter sur notre cordiale amitié. Si une nation montre qu'elle sait agir avec raison et décence dans les affaires politiques et sociales, si elle maintient l'ordre sur son territoire et paie ses dettes, elle n'a pas lieu de craindre l'intervention des États-Unis. Mais un état de révolution chronique, ou une impuissance qui a pour résultat un relâchement général des liens de la société, peuvent, en Amérique comme ailleurs, exiger l'intervention d'une nation civilisée, et, dans l'hémisphère occidental, l'adhésion des États-Unis à la doctrine de Monroe peut les obliger, malgré leur répugnance, à exercer, dans ce cas, un pouvoir de police internationale. »

La menace ne demeura pas longtemps vaine. Quelques mois plus tard, le gouvernement américain adoptait une politique nouvelle à l'égard de ces républiques turbulentes qui, par leur situation relativement au canal interocéanique, ont pris une si grande importance pour les États-Unis. En 1905, M. Roosevelt inaugurait la politique du « contrôle financier ». La République dominicaine y a été soumise la première, en vertu d'une convention conclue en 1905, restée en suspens par suite de l'opposition soulevée au Sénat, plutôt par des motifs d'ordre intérieur que pour des raisons de fond, et finalement ratifiée en 1907[1]. Le gouvernement de Saint-Domingue acceptait la surveillance d'agents américains sur ses recettes douanières et pour le règlement de sa dette extérieure, sur laquelle il devait un long arriéré. En 1911, le successeur de M. Roosevelt, M. Taft, usait du même procédé à l'égard du Honduras, tombé dans de semblables difficultés. Plus récemment, au cours de la guerre actuelle, la République d'Haïti a dû se soumettre au même régime, plus strict encore : non seulement elle est placée sous la tutelle financière des États-Unis, mais sa police indigène sera sous les ordres d'officiers américains, et elle s'est engagée à n'abandonner « par vente, bail ou autrement, aucune partie

1. Pendant ce temps, en fait, la convention de 1905 avait été appliquée, en vertu d'un *modus vivendi* mis en vigueur par entente entre les deux gouvernements.

de son territoire ou aucune juridiction sur quelque partie de son territoire à un gouvernement étranger, et à ne faire aucun contrat avec une puissance étrangère, susceptible de porter atteinte à son indépendance [1]. »

Ayant assuré sa domination sur les républiques qui se partagent l'île de Saint-Domingue, et écarté ainsi tout danger d'immixtion européenne auprès d'elles, souverains de Porto-Rico, de Saint-Thomas et de Sainte-Croix, protecteurs de Cuba, les États-Unis dominent les trois passages qui conduisent de l'Atlantique au canal de Panama. Un traité récent avec le Nicaragua [2] les a mis, d'autre part, en possession de la seconde route considérée comme permettant le percement d'un canal interocéanique, par la rivière Saint-Juan et le grand lac de Nicaragua [3].

[1]. Traité du 16 septembre 1915, ratifié par le Sénat des États-Unis, le 28 février 1916.
[2]. Traité du 5 août 1914, ratifié par le Sénat des États-Unis, le 28 février 1916.
[3]. Les États-Unis avaient hésité un instant entre l'adoption de cette voie et l'achèvement de l'œuvre française à Panama. En échange du droit de construction éventuelle d'un canal interocéanique sur leur territoire, les États-Unis se sont engagés à payer au Nicaragua la somme de 3 millions de dollars.
Les trois républiques voisines du Nicaragua ont protesté devant la cour de justice centre-américaine contre ce

Les États-Unis entendent que leur hégémonie dans le voisinage du canal de Panama et dans la région des Caraïbes ne coure aucun danger. Lorsque, en 1912, des bruits d'acquisition de terrains par une société commerciale japonaise dans la baie de Magdalena, en Californie méridionale, territoire mexicain, émurent l'opinion américaine, le Sénat adopta une résolution disant que : « Lorsque quelque port, ou autre localité d'un gouvernement américain, est situé de telle sorte que son occupation, dans un but naval ou militaire, pourrait menacer les communications ou la sécurité des États-Unis, le gouvernement des États-Unis ne pourrait envisager sans grave préoccupation la possession de ce port, ou autre localité, par toute corporation ou association, ayant avec un autre gouverne-

traité, qui affecte, disent-elles, leurs droits et leurs intérêts. Elles allèguent que la baie de Fonseca appartient conjointement aux quatre républiques et constitue une propriété indivisible dont aucune d'elles ne peut disposer séparément. Le Nicaragua ne reconnaît pas la compétence de la cour de justice centre-américaine.
Le gouvernement des États-Unis a envoyé dans les eaux du Nicaragua deux croiseurs, chargés de surveiller ces républiques et de maintenir l'ordre, s'il était nécessaire, dans le Nicaragua, pendant les élections présidentielles qui ont eu lieu le 1er octobre.

ment non-américain des relations telles, qu'elles puissent donner pratiquement à ce gouvernement un pouvoir de contrôle pour des fins d'un caractère national[1]. » De même, quand, dans les derniers mois de 1913, un représentant de la maison anglaise S. Pearson and Son, poursuivit la conclusion de contrats de concession pour l'exploitation de champs pétrolifères en Colombie, le gouvernement américain intervint : ces concessions, par l'ampleur de leurs termes, accompagnées qu'elles sont en général de concessions de voies ferrées et de ports, revêtent un caractère particulier. Les contrats ne furent pas ratifiés, et le président Wilson proclama l'opposition que soulèverait, de la part des États-Unis, cette politique : « On parle de concessions faites dans l'Amérique latine à des capitalistes étrangers; entend-on jamais parler de concessions analogues par les États-Unis ?... Les États qui sont obligés d'octroyer des concessions se mettent dans une situation telle que les intérêts étrangers dominent leur politique. C'est un état de choses qui peut devenir intolérable, et c'est de cette subordination inacceptable qu'il est du

---

1. *Resolution Lodge*, 2 août 1912.

devoir des États-Unis d'aider ces États à s'émanciper[1]. »

Cette politique, si nettement avouée et poursuivie avec continuité par le gouvernement américain, n'a pas été sans faire naître des appréhensions chez les peuples de l'Amérique du Sud, malgré les affirmations répétées des présidents, Roosevelt, comme Taft et aujourd'hui Wilson, que les États-Unis n'ambitionnent plus aucune extension territoriale. Le rôle de protectrice que prétend s'arroger la grande république anglo-saxonne sur des nations d'origine latine, la création d'une zone d'influence où elle veut dominer en maîtresse, ne pouvaient manquer d'émouvoir les gouvernements sud-américains.

Ce rôle de tuteurs que les États-Unis ont été amenés à jouer près des peuples riverains des Caraïbes, ils l'avaient ambitionné aussi, il y a un quart de siècle, sur ceux de l'Amérique du Sud. Le grand rêve de Blaine : la création d'un *Zollverein* pan-américain, qu'auraient dominé les États-Unis, devenus fournisseurs industriels des nations agricoles de l'Amérique centrale et

---

1. A Mobile, Alabama, 27 octobre 1913.

du Sud, a dû être abandonné. Cette idée, que la première conférence pan-américaine, réunie à Washington en 1889, devait réaliser et ne fit qu'effleurer pour la laisser sombrer aussitôt, a marqué le point extrême auquel a atteint la doctrine des deux sphères : exclure l'Europe, politiquement et économiquement, du riche domaine du Nouveau-Monde, que les *yankees* voulaient diriger dans la voie du progrès, et dont ils se seraient réservé l'exploitation[1]. Les États-Unis ne possédaient pas à cette époque les moyens économiques nécessaires pour tenter la réalisation d'un aussi ambitieux dessein ; ils commençaient à peine l'exportation d'articles manufacturés et, encore tributaires de l'Europe pour les capitaux nécessaires à leur propre développement, ils n'avaient pas les moyens de remplacer celle-ci comme commanditaires de l'Amérique latine. Depuis, les républiques de l'Amérique du Sud ont mis fin aux querelles de frontières, qui provoquaient de perpétuels désaccords entre elles : leur vie politique s'est assagie. Trois d'entre elles : l'Argentine, le

---

[1]. ACHILLE VIALLATE : « Les États-Unis et l'Amérique latine » ; *Revue de Paris*, 1er mars 1902 ; — « Les États-Unis et le pan-américanisme », *Revue des Deux Mondes*, 15 mai 1909.

Brésil, le Chili, sont en voie de devenir de grandes nations. Elles acceptent l'aide des États-Unis : elles repoussent leur tutelle. « Pour des raisons géographiques, à cause de son infériorité même, l'Amérique (du Sud) ne peut renoncer à l'influence du Nord saxon, à ses richesses exubérantes, à ses industries. Elle a besoin de capitaux, d'hommes entreprenants, d'explorateurs audacieux : les États-Unis les lui envoient avec prodigalité. La défense du Sud devra consister à éviter l'établissement de privilèges et de monopoles, tant en faveur des Yankees que des Européens[1]. » De leur côté, les États-Unis aspirent, plus qu'autrefois encore, à développer leurs relations avec ces marchés. Ils ont compris la nécessité de changer d'attitude à l'égard des Sud-Américains, pour qui la doctrine de Monroe est devenue synonyme d'impérialisme. Des publicistes, des hommes politiques ont proposé de limiter expressément l'application de la fameuse doctrine à la région des Caraïbes. Aucune parole officielle n'a sanctionné ces idées, mais les troubles récents au Mexique, qui ont causé de si sérieux ennuis à M. Woodrow

---

1. F. GARCIA CALDÉRON : *les Démocraties latines de l'Amérique*, 1912; p. 283.

Wilson, ont fourni l'occasion au gouvernement américain de témoigner aux républiques du Sud combien s'est modifiée son opinion à leur égard. Le refus du président Wilson de reconnaître le général Huerta comme président du Mexique, bien que l'Angleterre, la France et l'Allemagne eussent reconnu son gouvernement, a été la source d'embarras considérables pour les États-Unis. L'imbroglio mexicain, lequel a été, sans nul doute, compliqué par les menées de l'Allemagne, a failli entraîner les Américains dans une guerre difficile. En avril 1914, à la suite de l'incident de Tampico, quand on put croire un moment que les factions mexicaines, oubliant leurs différends, allaient s'unir pour faire face à l'étranger, les représentants à Washington des républiques de l'Argentine, du Brésil et du Chili, — l'A. B. C. — offrirent au gouvernement américain leurs bons offices pour le règlement amical du conflit. Le gouvernement américain accepta l'offre promptement; le bruit courut même qu'il en avait été l'initiateur. Du moins s'y était-il montré favorable dès les premières ouvertures officieuses qui lui avaient été faites. La conférence de Niagara Falls, où les puissances de l'Entente sud-américaine ont joué le rôle de médiatrices entre une république latine et les États-Unis, marquera une date importante dans la politique étrangère de ces derniers. Les conférences pan-américaines qui, depuis celle de 1889, se sont réunies déjà par trois fois : en 1901 à Mexico, en 1906 à Rio-de-Janeiro, en 1910 à Buenos-Ayres, et sont devenues une institution établie[1], avaient témoigné du désir des États-Unis d'atténuer la suspicion dans laquelle les tiennent les Latino-Américains. Cette fois, ils ont montré leur appréciation du degré de stabilité politique et de développement économique atteint dans ces dernières années par les grandes républiques du Sud : ils les ont traitées en égales. On entrevoit la possibilité d'une entente active entre les États-Unis et l'A. B. C., pour arriver à définir une politique américaine et en assurer la réalisation : les intérêts communs sont nombreux, les zones d'influence particulière sont assez bien délimitées géographiquement pour éviter les conflits[2].

1. La cinquième conférence pan-américaine devait se réunir à Santiago (Chili), en octobre 1914; la guerre européenne en a fait différer la convocation.
2. ALBERT BUSHNELL HART : *The Monroe doctrine, an interpretation*, pp. 255 et 382 (1916).

Bien que, jusqu'à présent, obstinément fidèles à leur politique d'isolement, les États-Unis ne sont déjà plus, cependant, une puissance exclusivement américaine. La guerre d'Espagne leur a fait acquérir des stations navales dans le Pacifique, et leur a donné une dépendance importante en Extrême-Orient : les Philippines. L'annexion de cet Archipel a été motivée pour une grande part par le désir de posséder sur le flanc de la Chine une base navale, afin de protéger les intérêts américains à un moment où l'on regardait comme fatal, peut-être proche, le partage de l'Empire chinois entre les grandes puissances européennes. De même que celles-ci, les États-Unis étaient hypnotisés par l'importance de ce marché : ils ne voulaient y prétendre à aucun avantage particulier, mais ils entendaient que leurs industriels et commerçants n'en fussent pas évincés par des privilèges ou des barrières douanières. En septembre 1899, M. Knox, Secrétaire d'État, avisait ces puissances que son gouvernement ne reconnaîtrait « d'aucune manière les droits exclusifs consentis à une puissance quelconque dans quelque portion que ce soit de l'Empire chinois »; et quelques mois plus tard [1]

1. En juillet 1900.

il précisait la politique que les États-Unis entendaient suivre à l'égard de la Chine : « Conservation de son intégrité territoriale, de son entité administrative et égalité commerciale pour tous dans toutes les parties de l'empire chinois ». Ils sont restés fidèles à cette politique ; en 1908, les gouvernements américain et japonais ont conclu un accord, par lequel ils s'engagent à respecter leurs possessions territoriales dans le Pacifique et à assurer, par tous les moyens en leur pouvoir, les principes de l'indépendance et de l'intégrité de la Chine et de l'égalité d'avantages commerciaux et industriels pour toutes les nations [1].

A la veille de la guerre européenne, depuis quelque temps déjà, dans les milieux éclairés, on se rendait compte aux États-Unis que la continuation de la politique d'isolement traditionnelle allait bientôt devenir impossible. L'ouverture du canal de Panama, écrivait un publiciste réputé, M. W. Morton Fullerton « reportera le centre de gravité du monde de la Méditer-

---

[1]. Cet accord n'a jamais été soumis à l'approbation du Sénat des États-Unis, mais il a dû être approuvé par les membres de son Comité des Affaires Étrangères, sans quoi l'Administration ne l'aurait certainement pas signé.

ranée dans la région des Caraïbes, et l'isolement national, la liberté d'alliances embarrassantes, ne seront plus possibles pour les États-Unis [1]. » La guerre, par les ambitions économiques qu'elle a permis d'envisager et les appréhensions nouvelles qu'elle a fait naître, a précipité ce moment.

**

La guerre européenne a, en effet, amené les Américains à envisager autrement qu'ils ne l'avaient fait jusqu'alors la situation des États-Unis dans le monde. Leur pays leur semblait invulnérable; il leur paraissait hors de l'atteinte des grandes puissances militaires d'Europe. Les ambitions des pangermanistes, qui avouaient leur espoir d'édifier un jour une colonie allemande dans les provinces méridionales du Brésil, où les émigrants allemands constituent un groupe ethnique important, les intrigues du gouvernement allemand dans la région des Caraïbes, où il eût voulu acquérir une base navale, avaient, sans doute, ému l'opinion un mo-

---

1. *Problems of power*, p. 310.

ment, mais elle s'était promptement rassurée. L'accroissement de population et de richesse des États-Unis ne rendait-il pas plus vraie qu'il y a vingt ans l'affirmation de Richard Olney que « les États-Unis sont pratiquement souverains dans le Nouveau-Monde et que leur volonté est loi sur les sujets où ils estiment leur intervention nécessaire » ? Quelle puissance avait jamais osé discuter les prétentions que résume la doctrine de Monroe ? La Grande-Bretagne elle-même, la seule nation qui, grâce à sa force navale, eût pu se le permettre, ne l'avait pas tenté. Avec quelle docilité, au contraire, n'avait-elle pas accédé à la volonté des États-Unis d'assumer seuls la charge de garantir la neutralité du canal de Panama ? et n'avait-elle pas, au lendemain du traité Hay-Pauncefote, soulignant ainsi son acquiescement tacite à leur politique dans les Caraïbes, diminué l'importance de la Jamaïque comme base navale ? Aussi bien, la continuité de la longue frontière canadienne avec celle des États-Unis, ne faisait-elle pas du Dominion, colonie anglaise, un gage éventuel pour eux, facile à saisir ?

Depuis août 1914, ces idées, que bien peu d'hommes critiquaient jusqu'alors, ont dû être révisées. Les succès foudroyants de l'Allemagne au début de la campagne, sa longue résistance à une puissante coalition, ont amené les Américains à reconnaître que, si elle sortait victorieuse de cette lutte gigantesque, elle deviendrait un danger considérable pour eux. Leurs écrivains militaires leur ont appris que la protection de l'Atlantique n'est plus une garantie suffisante contre une entreprise militaire sur le continent américain par une puissance européenne [1]. Les ambitions allemandes, accrues démesurément par la victoire, ne leur apparurent plus comme irréalisables. La puissance de la marine de la Grande-Bretagne, qui a assuré aux Alliés, depuis le début des hostilités, la maîtrise de la mer, ne les a pas moins impressionnés. La victoire des Alliés renforcera cette suprématie. — Vous êtes opposés au militarisme allemand, leur disaient les émissaires teutons, vous le redoutez ! quelles craintes ne devriez-vous pas éprouver du navalisme anglais, si vous étiez clairvoyants ? — Les Américains ont dû reconnaître que le désir ardent de la paix ne suffit pas pour avoir l'assurance de la conserver.

[1]. F. W. GREEN : *The present military situation in the United-States*, pp. 28 et suiv.

Les plus pacifiques doivent être en mesure de se faire respecter. Ils ont alors fait l'inventaire de leurs forces militaires et navales, et ils ont été péniblement déçus en constatant leur insuffisance.

En 1914, l'armée régulière des États-Unis, n'était que de 92.000 hommes[1]. Dans ce chiffre sont compris : les troupes chargées de la défense des côtes comptant une vingtaine de mille hommes, les officiers et les hommes des services techniques non-combattants, formant un chiffre à peu près égal. Ainsi, l'armée mobile était de 55.000 hommes à peine. Mais, de cette armée, une partie est affectée à la défense des Philippines, des Hawaï, de Porto-Rico, de la zone du canal de Panama : ces affectations ne laissent disponibles qu'une trentaine de mille hommes pour l'armée manœuvrière sur le continent. Une réserve est constituée, il est vrai, par la milice organisée des États qui ont accepté, en échange d'une subvention du gouvernement fédéral, la direction d'officiers de l'armée régulière pour l'instruction de leur garde nationale : le chiffre des enrôlements de celle-ci est de 130.000 hom-

[1]. La loi autorise le Président à élever l'effectif à 100.000 hommes, au maximum.

mes pour l'Union. « Si toute la garde nationale pouvait être convoquée en cas de guerre, si tous les hommes répondaient à l'appel (résultat inconcevable), et s'ils étaient tous reconnus aptes à combattre en première ligne, nous pourrions réunir dans ce pays une force de réguliers et de miliciens s'élevant à 9.818 officiers et 148.492 hommes. Et c'est absolument tout[1]. » Cette reconnaissance officielle de la pénurie d'hommes était aggravée par la publication officieuse d'une partie d'un rapport du chef de l'état-major général du comité militaire de la Chambre des représentants : « Nous n'avons ni canons, ni munitions en quantité suffisante pour qu'un général puisse prendre le commandement de l'armée avec quelque chance de succès contre un ennemi d'égale force, disposant de la proportion normale d'artillerie de campagne... Le département de la guerre estime qu'en cas de guerre avec une grande puissance, une armée de 500.000 hommes serait nécessaire pour défendre le pays contre une invasion, et cette armée devra être disponible dès le début des opérations. » Cette insuffisance de la défense

[1]. Rapport annuel du secrétaire de la Guerre, 16 novembre 1914.

militaire éclata publiquement, froissant profondément l'amour-propre national, lorsque, en juillet 1916, le Président convoqua la garde nationale pour protéger la frontière contre les incursions des bandes mexicaines : le seul réconfort que l'on put trouver fut qu'une amélioration sensible avait cependant été réalisée sur l'état de confusion qui s'était manifesté en 1898, lors de la mobilisation pour la guerre contre l'Espagne[1].

La marine n'était pas, heureusement, en semblable situation. Depuis 1898, les constructions navales ont été poursuivies sans arrêt, bien que le Congrès soit toujours resté bien en deçà des crédits que lui demandait l'État-major. L'effectif, qui n'était que d'une dizaine de mille hommes en 1896, avait déjà doublé en 1900, et en 1914 il atteignait environ 50.000 hommes. Le secrétaire de la Marine se montrait enthousiaste de l'état de la marine de guerre, mais une enquête menée par le Comité de la Chambre des représentants, dans laquelle furent entendus les principaux officiers, atténua fortement le sentiment d'optimisme créé par les

---

[1]. Daniel Bellet : « La puissance militaire des États-Unis », *Revue de Paris*, 1ᵉʳ mai 1916.

affirmations du chef du département. L'enquête rendit publique une lettre adressée à ce dernier, en novembre 1914, par un officier général, attaché au service des opérations, dans laquelle il informait son chef que, dans son opinion, la flotte n'était pas prête, en cas de guerre ; que son effectif était insuffisant, manquant d'une vingtaine de mille hommes, qu'il n'existait aucune réserve navale, et que la milice navale ne comptait que 7.000 hommes, insuffisamment instruits. Ces plaintes étaient corroborées par le commandant en chef de la flotte de l'Atlantique, qui déclarait que « des navires ayant un équipage insuffisant, en hommes et en officiers, ne peuvent être maintenus dans un état de préparation et d'efficacité, capable de leur permettre d'affronter à égalité les navires de même type des autres marines[1] ».

Le Président, dans son message de décembre 1914, ne témoignait cependant encore d'aucune préoccupation : il se montrait plutôt inquiet de la campagne commencée en faveur de la « préparation militaire et navale ». « On dit, dans certains milieux, que nous ne sommes pas

[1]. ARCHIBALD HURD : « America's bid for sea power », *Fortnightly Review*, juin 1916.

prêts en cas de guerre. Qu'entend-on par être prêts? Veut-on dire que nous ne sommes pas prêts à mettre du jour au lendemain une nation en campagne, une nation d'hommes ayant reçu l'instruction militaire? Évidemment, nous ne sommes pas préparés pour cela; et nous ne le serons jamais en temps de paix, aussi longtemps que nous conserverons nos principes et nos institutions politiques actuels. Et à quoi veut-on que nous nous préparions? A nous défendre si nous sommes attaqués? Nous avons toujours réussi à nous défendre et nous en trouverons le moyen, toutes les fois que cela sera nécessaire, sans enlever notre population à sa tâche normale pour satisfaire au service militaire obligatoire en temps de paix... Nous sommes les amis sincères de toutes les nations, parce que nous n'en menaçons aucune, nous ne convoitons les possessions d'aucune, nous ne désirons la ruine d'aucune. Notre amitié peut être acceptée et est acceptée sans réserve, parce qu'elle est offerte dans un esprit et pour un but que personne n'a jamais suspectés. C'est là notre grandeur. Nous sommes les champions de la paix et de la concorde. Dès notre naissance, nous avons eu une politique nette et ferme a l'égard des établissements militaires. Nous n'avons jamais eu, et aussi longtemps que nous conserverons les mêmes principes et le même idéal, nous n'aurons jamais une importante armée permanente... Il nous suffira d'organiser un système qui permettra à tous les citoyens qui le désireront d'apprendre le maniement des armes modernes, les rudiments de l'exercice et de la manœuvre, l'entretien des camps. » L'opinion, cependant, s'inquiétait. Elle devenait nerveuse : l'insolence de l'Allemagne, créant une agitation dangereuse dans le pays, traînant en longueur ses discussions avec le gouvernement ; la difficulté qu'éprouvait celui-ci à faire respecter ses droits de neutre tels qu'il en avait lui-même posé les principes au début du conflit, montraient combien peut se trouver embarrassée une grande nation qui, tout entière adonnée au développement pacifique, s'est reposée sur sa « force potentielle » pour assurer le respect de ses droits. Qu'adviendrait-il si les États-Unis se trouvaient entraînés dans le conflit? Il fallait bien reconnaître que, pendant une longue période, avant qu'ils eussent pu mettre leurs forces latentes en état, ils feraient piètre figure. En décembre 1915, le

Président proposait au Congrès un programme de préparation militaire et navale. « La guerre, — disait-il cette fois, — n'a jamais été seulement une question d'hommes et de canons. C'est, avant tout, une question de forces disciplinées. Nos citoyens, pour être à même de combattre avec succès, en cas de convocation soudaine, doivent apprendre le combat moderne et se mettre en état de pouvoir rendre immédiatement les services que l'on attend d'eux. » Il demandait donc de porter l'armée permanente à 142.000 hommes, pour « la mettre en mesure de remplir ses devoirs », et de créer une réserve de 400.000 volontaires, qui s'engageraient à servir pendant trois ans, durant de courtes périodes d'instruction n'excédant pas deux mois par an, et à répondre ensuite à tout appel pendant trois autres années. « Ces mesures de préparation pour assurer notre défense sont absolument impératives maintenant. Nous ne pouvons faire moins. » Le Congrès a accordé au gouvernement les crédits nécessaires pour l'exécution de ces mesures.

Les mesures adoptées pour l'augmentation de la marine : « notre première et principale ligne de défense », ont une toute autre ampleur.

Le Congrès a voté pour la première fois les crédits nécessaires à l'exécution d'un programme de constructions navales, qui doit être réalisé en trois années. Ce programme comporte 157 navires, dont 10 cuirassés, 6 croiseurs cuirassés, 9 sous-marins de haute mer et 58 sous-marins pour la défense côtière ; la dépense est évaluée à 313 millions de dollars [1].

Cette question de la « préparation » avait donné lieu à de vifs débats. Les pacifistes avaient tenté de limiter, au moins, les programmes présentés. Le programme naval, en particulier, attirait leurs critiques par son ampleur. Dans quelle voie se lançaient les États-Unis ?

---

[1]. *Army and naval appropriation bills* du 29 août 1916.
Pour faire face à cet accroissement de dépenses, le Congrès a voté un « War revenue bill » (signé par le Président le 8 septembre 1916), dont on attend une augmentation annuelle de revenus de 205 millions de dollars. L'impôt sur le revenu fédéral, créé en 1913, a été remanié et son tarif augmenté ; un impôt fédéral sur les successions est créé. Un impôt sur les bénéfices des fabricants de munitions a été inséré dans cette loi ; les droits de timbre créés en 1914 sont abrogés. *The Chronicle*, 16 septembre 1916, pp. 993-1005.

L'opinion, cependant, approuva ces mesures : une puissante marine crée un sentiment de sécurité ; elle est un sujet d'orgueil, et elle ne cause pas l'appréhension qui résulterait du développement des institutions militaires, surtout d'un fort accroissement de l'armée permanente.

Concurremment avec ce mouvement pour la « préparation », un autre se développait, qui avait pour but de chercher à établir, au lendemain de la guerre actuelle, les bases d'une paix durable et des sauvegardes efficaces contre des conflits internationaux futurs[1]. Le naufrage de l'œuvre si laborieusement édifiée aux conférences de La Haye, auxquelles avaient participé activement les représentants des États-Unis, le dédain des Empires germaniques pour les conventions, clef de voûte de l'édifice, qui établissent les droits des neutres en temps de guerre, ne paraissaient pas devoir faire perdre toute espérance. Pourtant, la conviction était née maintenant que la simple signature de conventions, la confiance dans la bonne foi des signataires, ne représentaient qu'une garantie trop illu-

1. Voir en particulier : « Preparedness and America's international program », *The Annals of the American academy of political and social science*, juillet 1916.

soire pour espérer que les nations qui avaient été les victimes des récentes violations acceptassent de s'en contenter pour l'avenir. S'il en était ainsi, les États-Unis se verraient contraints, pour garantir leur développement pacifique, de se militariser, de suivre l'exemple abhorré des nations européennes. Une seule voie s'offrait qui permettrait d'éviter ce danger : abandonner la politique d'isolement traditionnelle, pour s'engager dans une entente internationale active pour la défense de la paix. C'est le but de la « League to enforce peace », fondée en juin 1915, qui a pour président M. William Howard Taft, ancien président des États-Unis[1]. La ligue se propose la fondation d'une entente entre les grandes puissances, dont les membres s'engageraient à soumettre tous leurs différends d'un caractère légal à un tribunal judiciaire international permanent ; les questions qui ne sont pas susceptibles d'être réglées d'après des principes juridiques seraient soumises à un Conseil de conciliation, qui aurait pour mission de chercher un compromis. Au cas où un membre de la ligue refuserait de soumettre son différend avec un

1. *The Manchester Guardian* : « American number », 8 octobre 1916.

autre membre, soit au tribunal permanent, soit au Comité de conciliation, ou que, l'ayant fait, il refuserait d'attendre leur décision avant de commencer les hostilités, les autres membres de la ligue uniraient leurs forces pour contraindre le membre défaillant au respect de ses engagements, employant dans ce but les moyens économiques et, s'il était nécessaire, la force militaire. « Nous croyons sincèrement, — dit M. Taft, — que, dans la plupart des cas, grâce à ce délai, à l'exposé public du différend, au moyen qui serait ainsi donné aux peuples des pays en désaccord de connaître leur position respective, la guerre serait généralement évitée... Si, par conséquent, après une pleine discussion et une décision rendue par des juges impartiaux, ou une recommandation faite par des hommes de bonne foi et équitables, un peuple persiste à croire qu'il doit défendre ses droits par la guerre, nous ne nous proposons pas d'empêcher alors le recours à la force. » La ligue, a-t-on dit, mettra en danger la doctrine de Monroe. — Non pas, répondent ses partisans : les questions qui peuvent naître de celle-ci ne seront pas soumises au tribunal, mais bien au Comité de conciliation ; ainsi, si le peuple américain ne croit pas devoir accepter le compromis suggéré par ce Comité, il pourra recourir à la force, sans violer aucun engagement. La situation dans ce cas serait la même que celle créée par les « Bryan peace-treaties ». Le fait le plus intéressant de ce mouvement, c'est la reconnaissance par ses auteurs de l'impossibilité pour les États-Unis de persister dans leur politique d'isolement : « Nous croyons que si Washington vivait aujourd'hui, il ne regarderait pas la Ligue comme une alliance gênante. » Quelle comparaison peut-on faire entre les États-Unis de l'époque de Washington et ceux de nos jours ? Et les États-Unis d'aujourd'hui, du fait de leur richesse et de leur puissance même, n'ont-ils pas le devoir, comme membres de la grande famille des nations, de courir les risques nécessaires pour rendre moins probable une autre guerre, un autre désastre pareils à ceux auxquels nous assistons ?

La politique traditionnelle n'inspire plus le même respect ; la guerre européenne lui a porté une forte atteinte. Elle ne peut plus être considérée comme une protection efficace contre la guerre. A s'obstiner à la suivre, en dépit des changements profonds survenus dans la situation internationale, les États-Unis s'exposeraient à de cruelles désillusions. Ces alliances avec les puissances européennes, contre le danger desquelles Washington prémunissait ses compatriotes, voilà que la sagesse paraît à beaucoup d'Américains, et non des moindres, en conseiller la recherche, au moins dans certaines conditions. La « Ligue pour assurer la paix », pour si louable que soit son but, si ingénieux que soient les moyens proposés pour le réaliser, reste encore dans un domaine trop sentimental pour inspirer une confiance suffisante : c'est une tentative prématurée. Et, ne craignant pas de tirer la conclusion des événements actuels, des Américains proposent nettement à leurs concitoyens, puisqu'il est impossible pour les États-Unis de continuer plus longtemps leur politique d'isolement, une alliance avec la Grande-Bretagne et la France.

« La Grande-Bretagne, — écrivait Jefferson à Monroe [1] — est, de toutes les puissances de la terre, celle qui peut nous faire le plus de mal ; mais, avec la Grande-Bretagne à notre côté, nous n'avons rien à craindre du monde entier. Aussi

[1]. 24 octobre 1823 ; cité par R. G. USHER : *Pan-américanisme*, p. 54.

devons-nous cultiver soigneusement avec elle une cordiale amitié. » Les rapports avec elle ont parfois été tendus ; le voisinage du Canada a donné lieu à des questions délicates, mais toutes ont pu être pacifiquement résolues : dans l'ensemble, les relations avec l'ancienne mère patrie ont, depuis 1815, toujours été cordiales. Un écrivain militaire, historien renommé, le capitaine A. T. Mahan, de la marine américaine, souhaitait cette alliance, pour le bien des États-Unis, il y a un quart de siècle déjà : « Une entente avec la Grande-Bretagne est une des premières nécessités de notre politique extérieure... D'une alliance formelle entre les deux pays, il ne peut être question, mais la reconnaissance cordiale de la similitude du caractère et des idées donnera naissance à la sympathie, qui facilitera, à son tour, une coopération profitable pour les deux, car, si la sentimentalité est faible, le sentiment est fort[1]. » Il voyait une communauté d'intérêts profonde entre ces deux pays par suite de leur caractère de puissances maritimes, et il attribuait la résistance de ses compatriotes à cette alliance, qui s'imposerait à

---

1. « The United States looking outward », *Atlantic Monthly*, décembre 1890.

eux un jour, au fait que, trop absorbés par la mise en valeur de leur domaine national, ils étaient aveugles au rôle maritime qui leur était réservé[1]. Plus récemment, à la veille même de la guerre, M. W. Morton Fullerton, examinant les conséquences que devait avoir sur la politique étrangère des États-Unis l'ouverture du canal interocéanique, concluait : « Une coopération franco-latine dans l'Amérique du Sud ; une collaboration anglo-américaine dans les îles et sur les hautes mers du Pacifique; un pacte solennel franco-anglo-américain pour assurer la paix du monde : telles sont les réalités qui peuvent déjà s'entrevoir des hauteurs de la Culebra[2]. » Cette idée d'alliance n'est pas, on le voit, toute nouvelle ; mais, jusqu'à présent, elle était demeurée comme une vision lointaine. La guerre actuelle l'a faite entrer dans le domaine des éventualités possibles. Elle a déjà pour partisans des hommes connus. « Une alliance des États-Unis avec l'Empire britannique, — dit M. George Louis Beer, — dans des termes clairement définis, conclue au grand jour, assurerait la paix

---

1. « Possibilities of an anglo-american reunion », *North-American review*, novembre 1894.
2. *Problems of power*, p. 315.

du monde et son développement dans une voie progressivement démocratique. La coopération continue est nécessaire, une simple entente serait insuffisante, comme cette guerre l'a prouvé[1]. » Le président Charles W. Eliot s'en est fait le propagandiste dans l'opinion : « La guerre nous a appris, avec une terrible netteté, que la paix ne peut être assurée en Europe, ni ailleurs, au moyen de traités et de conventions ou d'accords, appelés à tort droit international... La guerre ne pourra être évitée, s'il est possible de l'éviter, que par une alliance entre un petit nombre de nations, mettant en commun une force éprouvée. Il est vivement à souhaiter que l'opinion anglaise, française et américaine soit dirigée vers la réalisation de ce projet limité. Pour sa réussite, il serait important que les Alliés, fermement unis par un pacte, soient visiblement prêts à agir dès la fin de la guerre actuelle[2]. »

Ainsi, les Américains éclairés sont conscients des changements inévitables que le conflit euro-

---

[1] *Annals of the American Academy of political and social science* ; juillet 1916, p. 85.
[2] *The Manchester Guardian* : « American number », 3 octobre 1916.

péen les contraindra à apporter à leur politique étrangère. Ils sont convaincus que les États-Unis ne pourront échapper plus longtemps aux lourdes charges qui incombent au petit groupe de puissances qui se glorifient du titre de « puissances mondiales ». L'unité de vues n'est pas encore faite, cependant, sur les moyens propres à réaliser leur idéal : le maintien de la paix. Une longue campagne sera nécessaire pour amener la masse des électeurs à substituer à l'idée traditionnelle d'isolement, l'idée nouvelle d'une alliance avec des puissances européennes. L'Américain, il ne faut pas l'oublier, est un « continental ». Sa vision a été limitée à son magnifique domaine national, dont la mise en valeur a suffi jusqu'ici à absorber son activité, et il a été élevé dans la croyance orgueilleuse que la seule manifestation de la volonté des États-Unis suffisait à en imposer à l'Europe.

La politique de stricte neutralité adoptée par le Président, qui demandait à ses concitoyens d'observer la neutralité « dans la pensée comme dans les actes », n'avait pas été acceptée, nous l'avons vu, sans protestations. Des voix autorisées s'étaient élevées, dès le début des hostilités, pour manifester hautement la réprobation que causait la conduite de l'Allemagne. C'étaient des représentants de l'élite du pays qui déclaraient que, de neutralité d'esprit et de cœur, il ne pouvait être question. Puis, lorsque la tourmente financière qui ébranla un moment les États-Unis fut apaisée, le regret vint à beaucoup que le gouvernement américain n'eût pas protesté contre la violation de la neutralité de la Belgique. L'ancien président, M. Théodore Roosevelt, se montra le plus véhément à ce sujet : la place des États-Unis lui semblait être à côté des Alliés, qui ne défendaient pas seulement leur liberté menacée par l'agression des Empires centraux, mais qui défendaient aussi l'idéal démocratique, qui est la fierté de tout vrai Américain. L'attitude prudente, vacillante, dirent certains organes de la presse américaine, de M. Woodrow Wilson dans son long débat avec l'Allemagne à propos de la guerre sous-marine, sa longanimité vis-à-vis des représentants officiels de l'Allemagne et de l'Autriche, dont les agissements menaçaient d'introduire la guerre civile dans le pays, développèrent une opposition qui s'accrut à mesure que l'on approchait de l'époque où les partis politiques allaient devoir se préparer pour l'élection présidentielle, qui aurait lieu en novembre 1916. Cette opposition trouvait également un sujet de vives critiques dans la politique du Président à l'égard du Mexique : la « Wait and see policy », depuis la chute de Huerta, n'avait pas réussi à calmer les factions rivales et aboutissait finament à une ébauche d'expédition qui menaçait d'entraîner les États-Unis dans une aventure pour laquelle, la mobilisation des milices l'avait prouvé, ils n'étaient pas préparés.

En février 1916, M. Elihu Root, ancien secrétaire d'État sous la présidence de M. Roosevelt, un des chefs les plus écoutés du parti républicain, engagea, dans un discours retentissant[1], la première grande attaque contre la politique étrangère du Président. Il accusait l'administration démocrate d'avoir, en ce qui concernait le Mexique, négligé « d'assurer aux Américains établis dans ce pays la protection de leur vie et de leurs biens », et d'avoir manqué à son devoir de « respecter l'indépendance du Mexique, de s'interdire toute intervention dans les affaires intérieures, tout essai de domination, excepté

1. Discours à la Convention du parti républicain de l'État de New-York, à New-York, 15 février 1916.

dans la mesure où l'y autorisait le droit des gens pour la protection des droits américains. » M. Root était moins sévère relativement à l'attitude du Président à l'égard du conflit européen : « Nous ne pouvons nous empêcher de constater qu'un grand mécontentement règne parmi les Américains », mais « mécontentement ne veut pas dire condamnation ». Il reprochait à la politique du gouvernement de « n'avoir pas pris à temps les mesures indispensables pour soutenir la diplomatie américaine avec la réalité actuelle ou la perspective assurée d'une force militaire et navale ; d'avoir fait perdre aux États-Unis le respect de l'univers en affirmant leurs droits et en pratiquant une politique de menaces qui n'ont jamais été mises à exécution ; et d'avoir laissé perdre les forces morales du monde civilisé, pour avoir manqué à interpréter en toute franchise l'esprit de la démocratie américaine, dans son attitude à l'égard des terribles événements qui accompagnèrent les premières phases de la guerre... Au fond, le gouvernement américain n'avait pas pu approuver le traitement de la Belgique ; mais, par la faute d'une mauvaise politique, il n'osa proclamer la vérité. Cette erreur fondamentale a introduit, dans tous les efforts de notre diplomatie, la faiblesse qui tenait à notre position fausse[1] ».

La lutte politique de cette année comptera parmi l'une des plus importantes de l'histoire des États-Unis. Pour la première fois, une question de politique extérieure, autre que purement américaine, y occupera une place de premier plan. Il est peu probable, cependant, que la masse des électeurs donnent à cette question l'attention qu'elle mérite; et ce seront encore, sans doute, bien plutôt les questions d'ordre intérieur qui feront pencher la balance en faveur de l'un ou de l'autre parti.

Le choix de son candidat à la présidence a été laborieux pour le parti républicain. Une vio-

---

1. Ces idées ont été vigoureusement soutenues par un certain nombre de publicistes américains. La thèse a été exposée en français par un écrivain américain connu, M. W. Morton Fullerton, dans une étude très intéressante : *Les États-Unis et la guerre*. M. Morton Fullerton, qui avait, avant la guerre actuelle même, montré dans son ouvrage *Problems of power*, la nécessité prochaine pour les États-Unis d'abandonner leur politique d'isolement, est plus partisan que jamais d'une alliance de son pays avec la Grande-Bretagne et la France, politique que, par une interprétation qui nous paraît hardie, il fait découler de la fameuse doctrine de Monroe qui était, dit-il, « en réalité, une alliance avec la Grande-Bretagne pour la défense de la sécurité commune des deux États ».

lente scission s'était produite dans son sein, il y a quatre ans. Battu comme candidat à la convention nationale, qui avait préféré soutenir la réélection de M. Taft, M. Roosevelt s'était mis à la tête d'un tiers parti, le parti progressiste. La division des votes des électeurs républicains, qui en était résultée, avait assuré la victoire aux démocrates et l'élection de leur candidat, M. Woodrow Wilson. Divisés, contre les démocrates maintenant unis, les républicains n'auraient eu cette année encore aucune chance de succès. La réconciliation entre les deux fractions du parti était indispensable. M. Roosevelt, chef des progressistes, dont les républicains devaient obtenir l'appui, espéra un moment qu'il serait le candidat des deux fractions, et que la fusion se ferait sous son autorité. La lutte de ses partisans a été vive à la convention de Chicago, mais les chefs du parti républicain n'ont pas oublié la défection qui, il y a quatre ans, a amené la défaite du parti, tandis que certains semblent avoir redouté la véhémence de langage, le tempérament belliqueux et autoritaire de l'ancien Président. Battu à la convention républicaine, resté seulement chef d'un parti qui allait s'effritant, M. Roosevelt s'est rallié à son ancien parti et a promis son concours pour l'élection de M. Charles E. Hughes, sur qui se sont portés les votes de la convention. Le candidat républicain, qui a été gouverneur de l'État de New-York, où il a combattu avec vigueur contre la corruption des politiciens, avait abandonné ces fonctions, il y a six ans, pour aller siéger à la Cour suprême fédérale, une des situations les plus respectées aux États-Unis. Le parti démocrate a réélu pour candidat M. Woodrow Wilson, approuvant ainsi publiquement sa politique.

La menace du vote des Germano-Américains, grâce à laquelle l'Allemagne espérait asservir les hommes politiques de l'Union et décider de l'élection présidentielle, n'a pas produit l'effet espéré. Les deux candidats l'ont dédaignée. Les pro-Germains détestent le président Wilson; M. Hughes ne prétend, comme son rival, qu'aux voix des vrais Américains. A qui porteront leurs votes les Américains à trait d'union, les *hyphenated Americans*, qui croient pouvoir servir à la fois deux patries?

M. Hughes, dans son discours d'acceptation de la candidature qui lui était offerte, a vivement critiqué la politique étrangère de son rival, qu'il a accusé de faiblesse et d'avoir négligé, dans son désir d'éviter la guerre, les nombreux moyens auxquels il aurait dû recourir pour assurer le respect des droits des Américains : « Pendant la période critique que nous avons traversée, le seul danger de guerre a été dans la faiblesse même de la conduite suivie par l'Administration [1]. » S'il promet de prendre, au cas où il serait élu, une attitude plus ferme que celle de M. Wilson, il entend, cependant, conserver avec autant de soin que celui-ci la neutralité des États-Unis et éviter, s'il est possible, de les laisser entraîner dans le conflit européen.

M. Woodrow Wilson, dans un beau discours, où il a exposé l'œuvre accomplie par son administration, a répondu à ces critiques : « En ce qui concerne la politique étrangère, nous avons été guidés par des principes clairement conçus et suivis avec continuité. Peut-être n'ont-ils pas été pleinement compris, parce qu'ils n'ont gouverné jusqu'ici les affaires internationales qu'en théorie seulement, et non dans la pratique. Ils sont simples, évidents, faciles à exposer et sont une base fondamentale des idéals américains.

[1]. A New-York, 31 juillet 1916.

Nous sommes restés neutres, non seulement parce que c'est la politique établie et traditionnelle des États-Unis de rester à l'écart de la politique européenne et parce que nous n'avions eu aucune part dans les causes qui ont amené la guerre actuelle, mais aussi parce qu'il était manifestement de notre devoir d'empêcher, s'il était possible, l'extension indéfinie des flammes de haine et de désolation allumées par ce terrible conflit, et de chercher à servir l'humanité, en réservant notre puissance et nos ressources pour les jours difficiles, et qui seront pleins d'anxiété, de la reconstruction et de la guérison, lorsque viendra la paix [1]. »

Cette politique de neutralité prudente continue à être approuvée par la masse de la population. Le docteur Morton Prince, parlant des protestations qu'elle a soulevées dans les milieux intellectuels, dit, avec tristesse : « Des individus ont exprimé des opinions : elles n'ont pas été jusqu'à provoquer des réunions, et n'ont pas trouvé d'expression collective. Cette opinion est donc sans valeur active : elle est le sentiment des Américains; elle n'est pas le sentiment

---

[1] A Long Branch, 2 septembre 1916.

américain[1]. » Serait-ce que la population américaine n'a pas su vaincre la peur des calamités qu'apporte la guerre avec elle, ou que, retenue par un calcul sordide, elle a hésité à compromettre les avantages matériels considérables qu'elle a retirés jusqu'ici du conflit européen[2]? Nous ne le croyons pas. Il nous paraît plutôt que l'insistance de la population pour la continuation de cette politique vient surtout de l'ignorance où elle est de l'importance de ce conflit gigantesque, pour l'avenir de l'idéal américain lui-même. « Le peuple américain, — écrit un historien très averti, — ne comprend pas que l'avenir des États-Unis est lié à la défaite des ambitions allemandes... Quoique pro-alliés, les Américains n'ont pas encore le sentiment de leur propre responsabilité vis-à-vis du reste du

---

[1]. *From Webster to Wilson*: *The Disintegration of an Ideal.* Cité par Émile Hovelacque : « L'opinion américaine et la guerre », *Revue de Paris*, 15 février et 1ᵉʳ mars 1916.

[2]. « Il est cruel de penser que l'on puisse croire que nous nous sommes tenus à l'écart de cette guerre, simplement parce que nous voulions éviter toute douleur et parce que nous entendions profiter des douleurs des autres... Pour moi, je n'ai pas peur du verdict que portera l'histoire sur le rôle de neutre adopté par les États-Unis ». (Le président Wilson, à la Chambre de Commerce nationale, 15 février et 1ᵉʳ mars 1916.)

monde... Par suite, les États-Unis sont absolument opposés à l'idée d'être entraînés dans cette guerre et la neutralité officielle observée par Washington est l'expression sûre de la volonté de la grande masse de la population... Cependant, le nombre croît chaque jour de ces Américains qui, capables de se faire une opinion personnelle, sont arrivés à la conclusion que la neutralité rigidement négative de notre gouvernement fait violence aux meilleurs instincts de l'idéalisme américain et est la cause d'une démoralisation progressive[1]. »

Les États-Unis pourront-ils conserver la neutralité jusqu'à la fin de la lutte? L'Allemagne, non pas volontairement, certes, mais dans un accès d'outrecuidance, plus probable à mesure qu'approche le moment où force lui sera de reconnaître qu'elle ne peut éviter la défaite, ne les obligera-t-elle pas à mettre à exécution leur menace de rupture diplomatique? Les torpillages auxquels s'est livré l'*U-53*, sur la côte américaine même, au lendemain d'une visite de « courtoisie » à Newport, frisent véritablement l'insolence, si même l'enquête des autorités de

1. G. Louis BEER : *Annals of the American Academy of political and social science* ; juillet 1916, p. 80.

Washington démontrait qu'en la circonstance, les Allemands n'ont pas violé les engagements pris par eux au lendemain du torpillage du *Sussex*. En acceptant la candidature qui lui était offerte pour la seconde fois, le président Wilson, parlant des droits des citoyens américains, qui avaient été, chose inévitable, affectés par la guerre actuelle, rappelait quels étaient ses principes directeurs à ce sujet : « Les droits de propriété peuvent être réparés par le paiement de dommages après la guerre, et aucune nation moderne ne peut refuser l'arbitrage pour des dommages de cette nature; mais les droits fondamentaux de l'humanité ne peuvent être réparés au moyen d'une indemnité. La perte de la vie est irréparable. La violation des droits de souveraineté d'une nation ne peut faire l'objet d'une réparation de cette nature. La nation qui viole ces droits essentiels doit s'attendre à être tenue en respect et appelée à résipiscence par un défi direct. » M. Hughes s'est déclaré non moins résolu, s'il est appelé à la présidence, à défendre les droits des citoyens américains. La situation semble donc ne pouvoir éviter de devenir critique avec l'Allemagne, peut-être à bref délai. Mais celle-ci n'ignore pas que le Président ne voudra vraisemblablement pas agir, s'il peut l'éviter, avant l'élection, et que, si le pays rappelle les républicains au pouvoir, la situation sera rendue difficile pour l'administration actuelle pendant les quatre mois qui suivront. M. Wilson devra, en effet, continuer à gouverner jusqu'au 4 mars, bien que les électeurs ne lui fassent plus entière confiance.

Républicains, comme démocrates, répondant au désir de la masse des électeurs, restent en somme partisans de la neutralité. Ils ne diffèrent que sur l'expression à donner à cette politique fondamentale. Quel que soit le résultat de l'élection du 7 novembre, il n'entraînera donc aucun changement brusque dans la politique étrangère des États-Unis. Quant à l'attitude que se proposent les uns et les autres lorsque la paix sera revenue, elle ne diffère également que bien peu. M. Hughes est partisan de l'organisation d'une justice internationale, du développement des moyens de conciliation : « Derrière cette organisation internationale, si l'on veut qu'elle soit efficace, il devra y avoir une coopération effective des nations pour empêcher le recours aux armes, avant que les moyens créés pour assurer un règlement pacifique des différends aient été utilisés. » M. Wilson s'est déclaré, lui aussi, partisan d'une organisation analogue à celle préconisée par la Ligue pour assurer la paix.

CONCLUSION

Les États-Unis d'Amérique seront, autant que les puissances d'Europe, profondément transformés par ce gigantesque cataclysme politique, auquel, jusqu'ici tout au moins, ils n'ont cependant pas été directement mêlés. Économiquement, il leur aura, en quelque mois, fait atteindre à une situation qu'ils ambitionnaient, mais dont ils n'entrevoyaient la réalisation que dans un temps qui eût pu être encore d'assez longue durée. New-York, devenue, pendant la guerre, capitale financière du monde, ne continuera pas, sans doute, au retour de la paix, à supplanter Londres et Paris, mais elle prendra rang à côté de ces places, et concourra avec elles pour aider à la mise en valeur des pays neufs ou arriérés, tandis que l'industrie américaine sera désormais, pour les industries de la vieille Europe, une concurrente redoutable sur tous les marchés.

Quelles ambitions politiques accompagneront ce soudain développement économique ? — Il y a quelque vingt ans déjà, M. Théodore Roosevelt disait : « Parmi toutes les nations de la terre, notre nation est celle qui tient dans ses mains le sort des années à venir[1]. » Le rôle réservé aux États-Unis paraît, en effet, devoir être considérable. Pourtant, ils ne sont pas encore complètement préparés à le remplir. Le conflit européen, par les répercussions qu'il a eues jusque chez eux, les a mis en face d'une grave question, née dans le dernier demi-siècle et à laquelle leurs hommes politiques n'avaient pas donné, jusqu'ici, une attention suffisante. L'homogénéité de la nation a été troublée par les arrivées toujours croissantes d'immigrants. Tandis que les nations de l'Europe occidentale, profondément unies, luttaient pour défendre leur liberté menacée par les Empires germaniques, aux États-Unis, devant les menées des Germano-Américains, un cri d'angoisse a été poussé : « Y a-t-il

---

1. « True américanism », dans *American ideals*, p. 50.

une nation américaine ? Si cette nation existe, est-elle consciente d'une unité de dessein et d'idéal [1]. » C'est la grande œuvre qui s'impose aujourd'hui aux Américains : américaniser ces millions d'individus venus de tous les pays d'Europe, à qui ils ont offert une si généreuse hospitalité et qui ont généralement trouvé dans le Nouveau-Monde un bien-être auquel ils avaient désespéré d'atteindre dans l'ancien. Souhaitons que l'édification de la nation américaine puisse s'achever sans avoir à subir les terribles épreuves « du fer et du sang », par lesquelles ont dû passer, pour devenir indestructibles, les nations européennes. Ce manque d'homogénéité de la nation est la cause profonde qui a empêché les États-Unis de jouer, dans le conflit actuel, le rôle que beaucoup d'Américains éclairés auraient voulu leur voir prendre. Avec quelle joie aurions-nous accueilli cette décision ! Le rôle même qu'espérait leur voir jouer M. Woodrow Wilson, et qu'il donnait comme but à sa politique de stricte neutralité, leur a échappé ; ils ne pourront agir comme médiateurs entre

1. NICOLAS MURRAY BUTLER : *The building of the nation* ; adresse prononcée à New-York, au déjeuner annuel de l'« Associated Press », 25 avril 1916.

les belligérants. Toute espérance leur en a été enlevée le jour où M. Briand, traduisant le sentiment unanime de la nation française, a défini, du haut de la tribune de la Chambre des députés, le but que la France, en commun accord avec ses alliés, poursuit : « *La paix par la victoire*, une paix solide et durable, garantie contre tout retour de violence par des sanctions internationales appropriées[1]. »

Mais ici, l'idéal des puissances de l'Europe occidentale et l'idéal des États-Unis d'Amérique se rencontrent. Les unes et les autres vont pouvoir trouver un champ d'action commun. La grande leçon qu'a enseignée aux Américains le conflit actuel va faciliter, sur ce point, entre ces puissances et les États-Unis, une entente hier encore irréalisable. Les Américains ont appris la solidarité étroite qui lie les États-Unis aux autres nations ; ils ont appris que la vie isolée est désormais impossible pour eux ; que les États-Unis sont définitivement sortis de la période où ils pouvaient prétendre à n'être qu'une puissance américaine, et, qu'ambitieux de jouer le rôle de « puissance mondiale »,

---

1. 14 septembre 1916.

il leur faut accepter les devoirs qui en découlent :

« Nous avons commencé, — dit M. Elihu Root, — à nous rendre compte que l'Amérique, avec son commerce extérieur, avec ses citoyens répartis sur toute la surface de la terre, avec des millions d'étrangers sur son sol, avec sa participation toujours croissante aux efforts tentés d'un bout à l'autre de l'univers pour améliorer la condition de l'humanité, avec tous les rapports et les mille liens d'intimité qui l'unissent aux autres nations, n'est plus isolée maintenant ; que notre nation ne peut plus continuer à vivre en elle-même, ni se tenir à l'écart du reste de l'humanité ; que nous devons jouer un rôle dans le progrès de la civilisation, reconnaître qu'il y a pour nous des devoirs qui correspondent à nos droits. Pour la première fois de leur vie, les hommes d'aujourd'hui ont vu les relations internationales des États-Unis, auxquelles on attacha longtemps peu d'importance, prendre un intérêt vital[1]. »

Cette reconnaissance a porté un coup fatal à la politique traditionnelle d'isolement. Déjà,

1. A New-York, 15 février 1916.

les résistances contre des engagements formels avec des puissances européennes en vue d'amener la paix, au lendemain de cette guerre, s'atténuent. Mais, pour si ingénieux que soient les plans dont M. Wilson, M. Hughes, M. Taft se font les défenseurs, nous n'avons qu'une faible confiance dans l'autorité des tribunaux et des Comités de conciliation internationaux. Ce sont là, nous voulons l'espérer, de généreux projets dont un avenir plus éloigné pourra voir la réalisation. Des projets plus terre à terre nous semblent devoir mieux répondre aux besoins de demain. Nous voudrions voir se développer le mouvement déjà ébauché aux États-Unis, en faveur d'une alliance pour le maintien de la paix entre la grande République américaine, la Grande-Bretagne et la France. Ces trois peuples, qui poursuivent le même idéal démocratique et pacifique, tous trois profondément idéalistes, tous trois respectueux de la parole donnée, seraient capables, par la mise en commun de leurs forces pour la réalisation du même but, d'assurer la paix au monde, et d'imposer sa règle bienfaisante aux peuples qui voudraient la troubler.

Il nous paraît que la France peut avoir une action très grande pour la réalisation de ce plan qui, né aux États-Unis, y a déjà reçu l'adhésion d'hommes respectés de tous. La sympathie américaine s'est, depuis le mois d'août 1914, montrée active à notre égard. Les Américains reconnaissent la tâche qu'a noblement remplie la France, en donnant si libéralement le sang de ses enfants pour la défense de la civilisation occidentale, dans sa lutte contre les Teutons. « Le capital moral de l'humanité, — écrivait la *Nation*, en décembre 1914, — au cours de ces terribles mois, a dû un accroissement à la France »; et, à l'occasion de la fête du 14 juillet, quelques mois après, la *Tribune*, de New-York, disait : « La France a maintenu le front de notre civilisation contre la barbarie magnifique, mais destructive de l'idéal germanique. » L'opinion américaine, appelée à rompre avec une tradition profondément enracinée, hésitera devant la conclusion d'une alliance formelle avec des puissances européennes; elle craindra de se voir entraînée dans des aventures peut-être dangereuses. Si la France proclame qu'elle a foi, pour le maintien de la paix future, dans un pacte solennel qui unirait, dans ce but, ses forces, avec les forces des États-Unis et de la Grande-Bretagne, sa parole, dont les Américains ne suspectent pas la sincérité, n'a-t-elle pas chance de vaincre les appréhensions légitimes, de faire tomber les préventions de nombreux Américains, encore hésitants ?

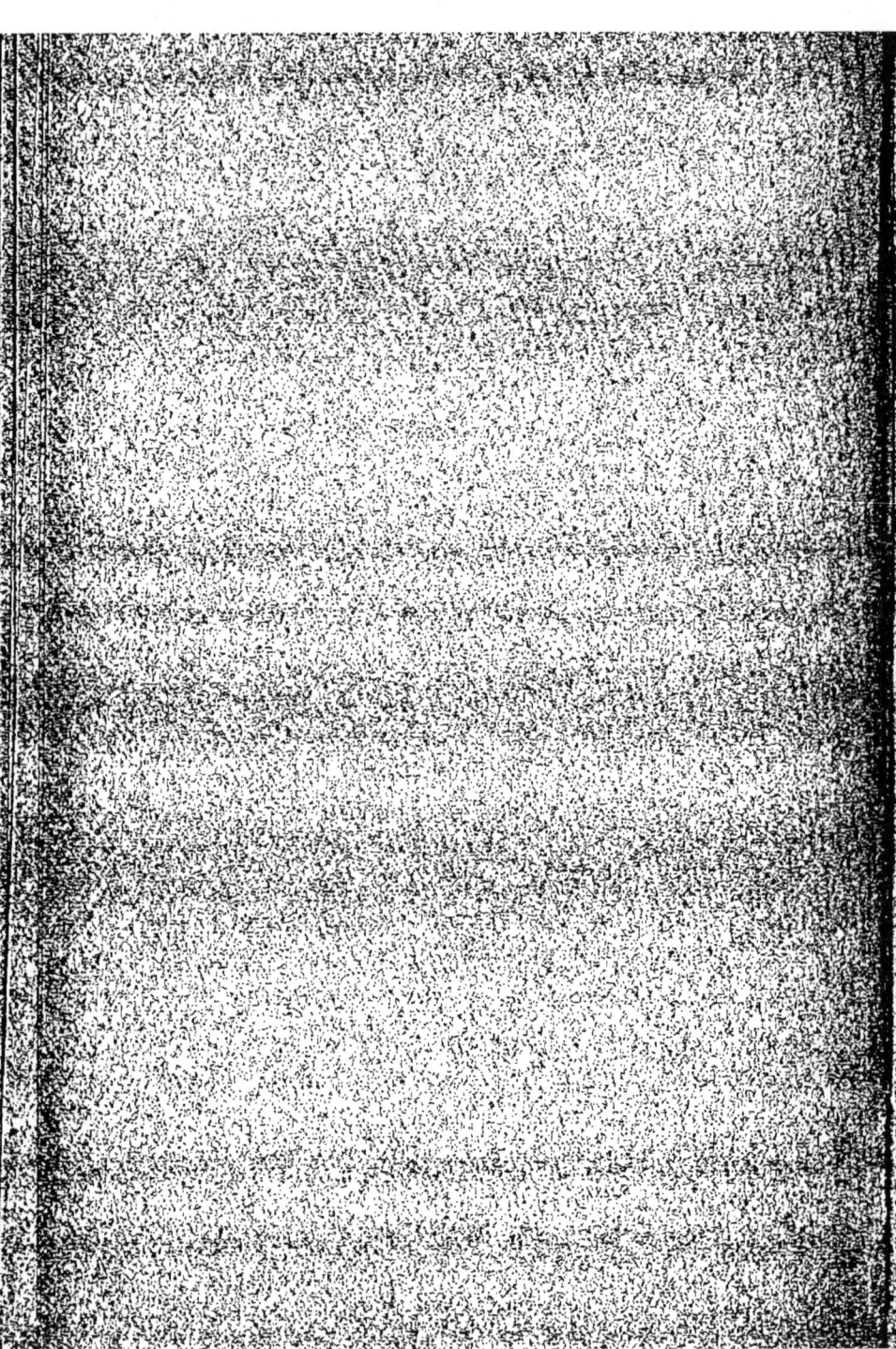

TABLE DES MATIÈRES

	Pages
INTRODUCTION.	v
CHAPITRE I. — Les débuts de la guerre et l'opinion. — La crise financière.	1
— II. — La campagne allemande et la guerre sous-marine. — La prospérité économique	57
— III. — Les conséquences économiques et politiques du conflit européen pour les États-Unis.	156
CONCLUSION.	234

4230. — Tours, imprimerie E. ARRAULT et Cⁱᵉ.

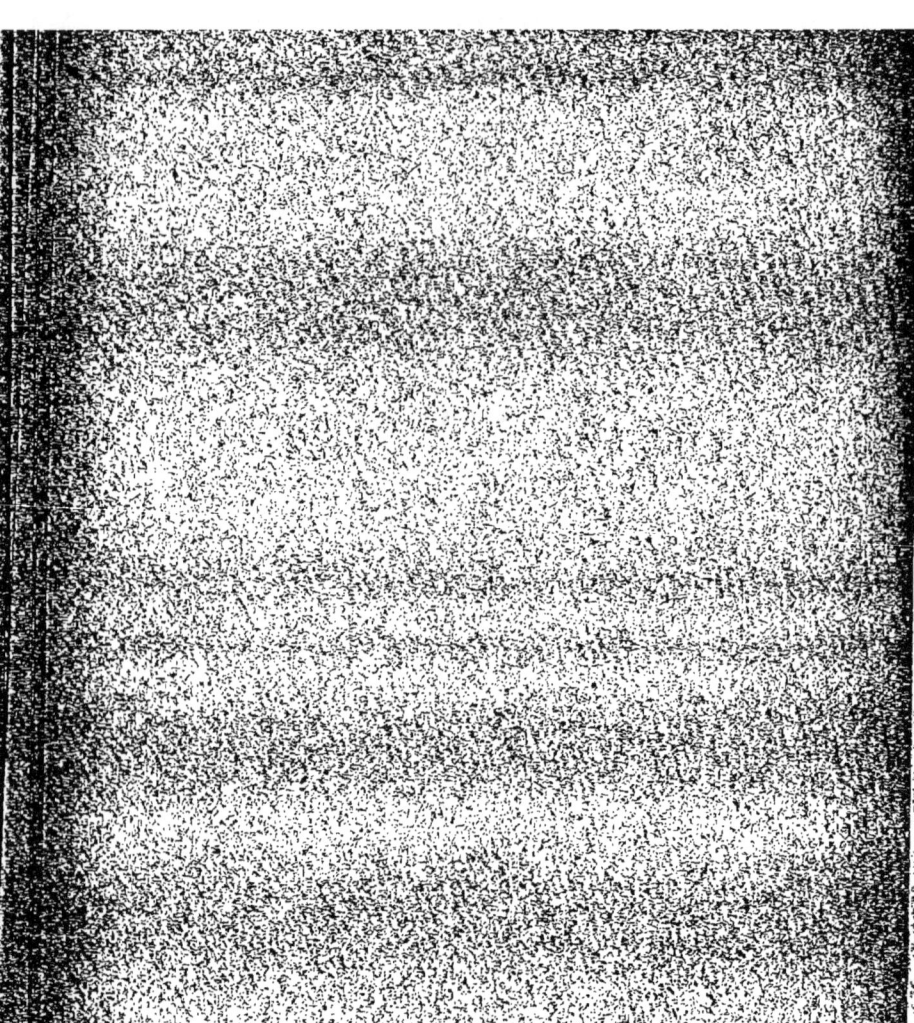

www.ingramcontent.com/pod-product-compliance
Lightning Source LLC
Chambersburg PA
CBHW062020180426
43200CB00029B/2203